40/40

40/40

40개의 코스, 40일간의 여정

오상준 지음

오상준의 골프 성지순례 유럽편

네덜란드 / 프랑스 / 아일랜드 / 영국

추천사

오상준의 《40/40》은 열정적인 골퍼라면 누구나 반길 만한 로드 트립 에세이다. 골프를 통해 새로운 인연이 시작되고 잊혔던 우정을 회복하는 이야기이기도 하다. 이 책에는 저자가 다양한 나라를 여행하며 만난 자연과 사람들에게서 받은 영감이 고스란히 살아 있다. 이 책은 골프가 사람과 사람을 어떻게 연결해주는가에 대한 작가만의 철학적 통찰을 들려준다.

존 부셀, 스포팅 인사이트(Sporting Insights) 설립자

저자의 《40/40》은 여행 에세이, 골프코스 인문학, 철학적 회고록이 절묘하게 어우러진 책이다. 그의 서사는 독자를 유럽과 영국, 아일랜드를 가로지르는 여정으로 안내하며, 각 골프장이 지닌 본질과 그곳에서 만난 흥미로운 사람들의 이야기를 생생하게 전한다. 골프라는 스포츠에 담긴 모험 정신을 완벽하게 포착한, 골퍼라면 꼭 읽어야 할 수작이다.

데이비드 존스, 골프 여행가, '유케이 골프가이(UK GOLF GUY)' 설립자

준은 《40/40》을 통해 여행과 골프에 대해 관찰한 바를 놀랍도록 생생하게 그려내는 탁월한 재능을 보여준다. 다양한 골프문화에 대한 그의 인문학적인 해석은 흔한 골프 여행기와는 차별화된, 신선하고 품격 있는 대안을 제시한다. 그의 통찰력과 골프에 대한 열정을 함께 나눌 수 있어 진심으로 기쁘다.

존 코니시, 미 〈GOLF 매거진〉 세계100대 코스 선정위원

서문

꿈의 티오프를 향한
40일의 여정

처음부터 40일 동안 40개의 골프장을 도는 '40/40' 여정을 계획했던 것은 아니었다. 애초의 계획은 단출했다. 과거에 플레이해본 스코틀랜드의 링크스 코스를 2주 동안 둘러보는 정도였다. 그런데 일정을 짜는 과정에서, 욕심 아닌 욕심이 생겼다. 그렇게 계획이 변경되었고, 인천에서 암스테르담행 비행기에 오르는 순간까지도 과연 이 야심 찬 일정을 무사히 완주할 수 있을지 확신하지 못했다.

팬데믹 이후, 우리가 삶을 바라보는 방식은 이전과 달라졌다. 이제는 앞으로 어떤 일이 닥칠지 아무도 장담하지 못한다. 시간은 그 어느 때보다 소중하게 느껴지고, 더 이상 꿈을 뒤로 미룰 여유도 없다. '이왕 할 거라면, 지금이 아니면 안 된다'라는 절박함에 나는 결심을 굳혔다.

막상 마음을 먹고 나니, 놀랍게도 여행을 위한 모든 퍼즐 조각들이 하나둘씩 맞춰지기 시작했다. 다양한 국가의 골프장을 방문했고, 그곳 사람들이 골프를 어떻게 즐기는지, 나라마다 어떤 골프 문화를 향유하고 있는지를 눈으로 직접 보고 경험할 수 있었다. 40/40 여정은 결코 만만치 않았다. 예상치 못한 난관도 많았지만, 지금은 그 모든 순간이 소중한 추억이 되었다. 렌터카가 고장 나 도로변에서 견인차를 몇 시간씩 기다렸던 경험조차 이 책에서 빼놓을 수 없는 에피소드가 되었다.

나는 지난 23년간 골프에 대한 이야기를 써왔다. 음악, 미술, 문학, 영화, 와인, 음식처럼 인생을 풍요롭게 하는 것들과 자연스럽게 어우러지는 골프 이야기를 특히 좋아한다. 나에게 글쓰기는 비빔밥을 만드는 과정과 같다. 삶을 이루는 다양한 재료들을 섞어서 가장 좋은 맛을 내고 싶다는 마음으로 글을 써낸다. 정갈한 감칠맛으로 입맛을 돋우는 비빔밥을 만들기 위해서는 꼭 필요한 재료가 하나 있다. 김이 모락모락 나는 하얀 쌀밥과 각양각색의 나물을 하나로 연결시켜 주는 고추장이 바로 그것이다.

이 책이 독자 여러분의 골프 라이프에 고추장처럼 매콤한 자극이 되기를 바란다. 어쩌면 이 책을 읽고 누군가는 지금까지 미뤄왔던 골프 성지순례를 떠나게 될지도 모른다. 혹은 상상 속에서만 존재하던 풍경을 마주하며, 스스로도 미처 알지 못했던 열정을 발견할지도 모른다. 그 순간을 계기로 자신만의 이야기를 쓸 수 있게 된다면, 나로서는 더 바랄 것이 없다.

골프의 기쁨을 음미하고, 좋은 사람들과 함께할 수 있음에 감사하며, 인생이라는 멋진 라운드를 계속할 수 있는 에너지를 이 책을 통해 여러분과 나누고 싶다. 다음 번 '40/40' 여정은 어디로 떠나게 될지, 어떤 사람들로부터 영감을 받게 될지, 벌써부터 가슴이 설레어온다.

암스테르담 스키폴 공항 도착

목차

추천사 003
서문_꿈의 티오프를 향한 40일의 여정 006

Day 1

노르트베이크서 골프클럽 '있는 그대로 플레이하라' 골프 본연의 정신을 만나다   014
로열 헤이그 골프클럽 끝없는 도전의 공간, 네덜란드 최고의 명문 클럽   022

Day 2

UGC 드 판 100년의 유산이 살아 숨 쉬는 마법의 숲   031

Day 3

퐁텐블로 골프클럽 이상적인 떼루아가 탄생시킨 프랑스의 유산   040

Day 4

샹티이 골프클럽 톰 심프슨 설계의 본질을 발견하다   048

Day 5

레 보르드 - 올드 코스 프랑스 계곡에 세워진 귀족의 골프코스   057

Day 6

레 보르드 - 뉴 코스 '무'에서 '유'를 창조한 흥미진진한 드라마   064

Day 7

르 투케 라 메르 골프코스 평온한 바닷가의 기분 좋은 산책 같은 링크스   078
아르들로 골프클럽 - 레 팽 코스 우아한 풍경 속에 숨겨진 18개의 퍼즐   083

Day 8

생제르맹 골프클럽 해리 콜트를 만나러 가는 시간 여행   090

Day 9

파리에서 더블린까지   102

Day 10

포트스튜어트 골프클럽, 스트랜드 코스 105
거친 자연 풍광을 품은 아일랜드의 링크스

Day 11

로열 포트러시 골프클럽-던루스 링크스 모든 골퍼를 겸손하게 만드는 디 오픈 격전지 114

Day 12

세인트 패트릭스 링크스 광활한 대지의 캔버스 위에 그려낸 명품 코스 129

올드 톰 모리스 링크스 하나의 코스에 공존해온 두 장인의 미학 138

Day 13

샌디 힐스 링크스 아일랜드 북단에서 만난 빛과 초록의 향연 146

Day 14

밸리리핀 골프클럽 - 올드 링크스 & 글래셔디 링크스 154
산을 업고, 바다를 안고 치는 링크스 골프

Day 15

밸리버니언으로 가는 길 163

Day 16

밸리버니언 골프클럽 U2도 울고 갈 아일랜드의 장엄한 링크스 167

Day 17

워터빌 골프 링크스 세상 끝단에서 즐기는 '플레잉 인 디 엘리먼츠' 179

Day 18

포트마녹 골프클럽-레드/블루 코스 아일랜드 노신사의 품격을 보여주는 링크스 186

Day 19

유러피언 클럽 '벌받을 준비가 되셨나요?' 괴물 벙커가 준 유쾌한 벌칙 194

Day 20

더블린 둘러보기 204

Day 21

아일랜드 골프클럽 바다 건너 나룻배로 오갔던 130년 전통의 링크스 206

Day 22

노스 베릭 웨스트 링크스	216
상상을 초월하는 '템플릿 홀'로 가득한 스코틀랜드의 보물	

Day 23

브레이드 힐스 골프코스 언제든 반겨주는 다정한 친구 같은 퍼블릭 코스	229
걸레인 골프클럽 No.1 코스 가파른 페어웨이, 숨찬 여정이 가져다준 동지애	235

Day 24

브로라 골프클럽 양떼와 함께 걷는 페스튜 잔디밭 위의 링크스	246

Day 25

로열 도노크 골프클럽 하이랜드를 수놓은 올드 톰 모리스의 걸작	253

Day 26

캐슬 스튜어트 골프 링크스 문명의 충돌이 만들어낸 세계 100대 코스	260

Day 27

네언 골프클럽 하이랜드의 바닷가에 숨겨진 진주와 같은 코스	274

Day 28

크루든 베이 골프클럽 리듬감 넘치는 롤러코스터와도 같은 골프를 원한다면	282

Day 29

트럼프 인터내셔널 링크스	292
트럼프 대통령이 세계 최고의 링크스라 자랑했던 그곳	

Day 30

에든버러에서의 하루	305

Day 31

로열 트룬 골프클럽 포스티지 스탬프 홀을 아시나요?	309

Day 32

프레스트윅 골프클럽 세계 최고의 메이저, 디 오픈이 시작된 그곳	320

Day 33

턴베리 에일사 코스 터너의 풍경화 속에서 경험하는 숭고한 골프	333

Day 34

추억의 길을 걷다 — 343

Day 35

워플스던 골프클럽 존 부셀과 함께한 히스랜드의 하루 — 349

Day 36

프린스 골프클럽, 27홀 1932년 디 오픈의 영광을 찾아서 — 359

Day 37

코스에서 바람과 함께 춤을 — 365

Day 38

로열 싱크 포츠 골프클럽 '딜' 드디어 세계 100대 코스에 오르다 — 372

Day 39

우드홀 스파 골프클럽 호치킨 코스 120년 후 다시 태어난 히스랜드의 명작 — 384

Day 40

월튼 히스 골프클럽 긴 여정의 막을 내리며 — 398

기획자의 노트 — 410
감사의 글 — 414
40/40 인트로 영상

Day 1

 # 노르트베이크서 골프클럽
'있는 그대로 플레이하라'
골프 본연의 정신을 만나다

위치: 네덜란드 노르트베이크
설계자: 폴 데용
설립 연도: 1970년대

'네덜란드' 하면 가장 먼저 떠오르는 이미지는 거리마다 줄지어 있는 자전거들이다. 어린아이부터 나이 지긋한 노인들까지 자전거에 올라앉아 도로를 여유롭게 달리는 모습이, 내게는 풍차보다도 더 네덜란드스러운 풍경으로 비쳐졌다. 그래서 암스테르담을 처음 방문했을 때, 카메라가 가장 바쁘게 쫓은 것도 그들의 자전거와 그 위에서 펼쳐지는 일상의 모습이었다.

　네덜란드 사람들의 하루는 자전거와 함께 시작된다. 자전거에 가뿐하게 몸을 싣고 즐겁게 내달리는 사람들을 보면, 삶의 균형과 행복이라는 두 바퀴가 조화롭게 돌고 있

자전거와 함께하는 네덜란드식 삶의 리듬

는 듯 보였다. 이들에게 자전거는 실용적이면서도 경쾌한 매력을 지닌 교통수단이다. 인구의 3분의 1이 자전거로 출퇴근하고, 하루 평균 8킬로미터를 주행한다고 하니, 이 나라의 자전거 문화는 세계에서 가장 건강한 삶의 방식일지도 모르겠다는 생각을 해본다.

난생처음 네덜란드에서 골프를 치기로 했을 때 또 어떤 새로운 그들만의 모습을 보게 될까 하는 설렘이 일었다. 내가 방문하기로 한 세 개의 골프코스는 어떤 풍경을 담고 있을까? 혹시 14세기부터 그들이 쉼 없이 만들어온 간척지 위에 세워진 건 아닐까 하는 예상도 해보았다. 하지만, 세 곳 모두 자연 그대로의 토양을 기반으로 하는 코스였다. 그중 두 곳은 북해와 인접한 내륙의 모래언덕 지형에 세워진 링크스 스타일의 코스였고, 나머지 한 곳은 내륙의 숲속에 조성된 히스랜드(Heathland) 코스였다.

인천에서 암스테르담까지는 총 열네 시간이 걸렸다. 스키폴 공항 근처의 호텔에서 잠을 설친 채로 짧은 밤을 보내고 6시 30분에 눈을 떴다. 유럽 대륙에서의 첫 라운드를 위해 새벽길을 마다 않고 향한 곳은 노르트베이크서 골프 클럽(Noordwijkse Golf Club). 해수면보다 낮은 네덜란드 특유의 '폴더(Polder)' 지역을 지나 클럽에 도착했다.

게이트를 통과하자마자 터져 나온 감탄사는 '와우, 와

우, 와우'.

코스에 대한 지식이 조금이라도 있는 골퍼라면 누구나 반할 만한 지형이 눈앞에 펼쳐져 있는 게 아닌가. 그토록 광활하게 드러난 날것의 모래 지형은 어디서도 본 적이 없었다. 적당한 높낮이와 자연스러운 굴곡을 한껏 뽐내는 지형 속에는 완벽한 모양의 퍼즐 조각 같은 기막힌 골프 홀들이 숨어 있었다.

스코틀랜드의 고전적인 링크스 코스들과 견주어도 손색이 없을 정도로, 노르트베이커서 골프클럽은 링크스 스타일의 매력을 가득 품고 있었다. 이날의 동반자였던 데이비드 데이비스와 함께 1번 티잉 그라운드에 섰을 때, 휘몰아치는 강풍 속에서 쿵쾅대는 심장 박동을 느꼈다.

전 세계를 누비며 수백여 곳의 골프장을 경험한 여행가 데이비드는 클럽의 역사와 네덜란드 골프 문화에 대해 많은 이야기를 들려주었다. 그중 가장 놀라웠던 것은 '네덜

폴더를 관통하는 도로에서 본 풍차 풍경

자연 속에 숨어 있는 골프 홀 퍼즐

란드 골프협회는 환경 보호를 위해 골프장의 농약 사용을 자발적으로 감축해왔고 노르트베이크서의 경우는 전혀 농약을 쓰지 않는다'는 사실이었다. 때문에 코스 잔디 상태는 완벽하지 않았지만, 이런 자연 그대로의 코스야말로 '있는 그대로 플레이하라(Play as it lies)'는 골프 본연의 정신이 살아 있는 곳이 아닐까라고 생각했다.

노르트베이크서의 가장 큰 매력은, 18홀의 코스 안에서 다채로운 자연환경을 체험할 수 있다는 점이다. 다이내믹하게 펼쳐진 모래언덕 위에 조각된 홀에서 시작하여, 숲 속에 아늑하게 자리 잡은 홀을 지나, 다시 탁 트인 광야 위의 아름다운 산책이 이어진다.

네덜란드의 아름다운 링크스 홀

데이비드에 따르면, 영국 출신의 매켄지&에버트 설계사에서 숲속에 위치한 세 개 홀을 재설계할 예정이라 한다. 리모델링을 통해 홀과 홀 사이의 이동 동선이 짧아지고 그린과 벙커 등의 디테일이 개선된다면, 노르트베이크서는 아일랜드나 스코틀랜드의 명문 링크스 코스들과 어깨를 나란히 할 수준이 될 것이다.

라운드가 끝나고 돌아온 클럽하우스는 중년의 남녀들로 가득했다. 모두 컬러풀한 면바지와 화사한 스웨터 차림으로 날씬한 몸매에 건강한 인상을 풍겼다. 특이한 점은, 누구도 그 흔한 골프 브랜드의 로고가 박힌 옷을 입고 있지 않았다는 사실이다. 실용적이면서도 세련된 네덜란드 사람들의 미적 감각을 도심의 자전거 풍경에서도, 골프코스에서도 느낄 수 있었다.

40일간의 골프 여정의 첫날부터, 36홀 라운드를 무리 없이 소화할 수 있었다. 골프장의 접근성이 좋은 덕분이었는데, 이것은 네덜란드 골프의 장점 중 하나이기도 하다. 네덜란드는 골프장이 암스테르담, 헤이그, 위트레흐트 같

노르트베이크서 클럽하우스 내부

은 도시 근교에 위치해 있어서 차로 한 시간 거리면 갈 수 있다. 좋은 골프장에 대한 갈증을 풀고자 한다면, 골프의 본고장인 영국으로 가는 길에 네덜란드에 꼭 한 번 들러 보기를 권한다. 나와 같은 골프 여행가에게도 잘 알려지지 않은, 숨은 보석 같은 코스를 만끽할 수 있을 것이다.

Day 1

로열 헤이그 골프클럽

끝없는 도전의 공간,
네덜란드 최고의 명문 클럽

위치: 네덜란드 바세나르
설계자: 찰스 휴 앨리슨 / 해리 콜트
설립 연도: 1938년
2023 〈GOLF 매거진〉 세계 100대 코스 순위: 78위

나는 이제 '시간을 죽인다'는 표현을 쓰지 않으려 한다. 포스트 팬데믹을 살아내고 있는 지금, 시간이 얼마나 소중한지를 여실히 깨닫기 때문이다. 음미하기에도 부족한 시간을 어떻게 함부로 죽이겠는가.

시간의 가치는 '무엇을 하는가'에 따라 결정되기도 하지만 '누구와 함께하는가'에도 큰 영향을 받는다. 그리고 골프에서는 그 강도가 한층 더 증폭된다. 낯선 동반자와의 시간이 예상치 못한 즐거움으로 채워지기도 하지만, 오랜 지인과 불편한 골프 라운드를 마지막으로 멀어지기도 한

로열 헤이그 클럽하우스

다. 골프처럼 동반자와 농밀한 시간을 보내는 스포츠가 또 있을까 싶다.

 이번 40일 간의 골프 여행은 좋은 친구들의 도움이 있었기에 가능했다. 네덜란드의 일정을 준비하며, 나는 로열 헤이그 골프클럽(Royal Hague Golf Club)의 회원이자 〈GOLF 매거진〉 패널 동료인 딕 고머에게 오랜만에 이메일을 보냈다. 딕 고머는 2018년 제주 나인브릿지에서 처음 인연을 맺은 친구였다. 업무 때문에 이번 라운드에 직접 동행하지는 못했지만, 로열 헤이그와 UGC 드 판(UGC De Pan)의 친구들을 소개해주며 아낌없는 도움을 주었다.

7번 홀 티잉 그라운드에 선 헨드릭 캄피오니

　보슬비 내리는 오후, 로열 헤이그 골프클럽에 도착하자, 중정을 둘러싼 세 개의 건물이 눈에 들어왔다. 나는 지역의 건축 양식을 반영하는 클럽하우스를 좋아한다. 주변 환경과 자연스럽게 어우러지는 건물은 늘 특별한 감흥을 준다. 생뚱맞은 초현대식 건물이나 아트 갤러리를 연상케 하는 거대한 시설보다 편안한 안식처 같은 공간에 더 마음이 간다. 추억의 향이 배어 있어 자꾸만 손이 가는 포근한 울 스웨터 같은 건물. 로열 헤이그 골프클럽은 바로 그런 모습으로 나를 맞이해주었다.

15번 홀 플레이 구역 밖의 다양한 식생

 클럽하우스 안으로 들어서자 그곳 직원과 회원들이 나를 향해 고개를 돌렸다. 사람들의 시선에는 호기심과 호의가 동시에 어려 있었다. 우리 동네 김치찌개 맛집에 195센티미터 거구의 네덜란드 남자가 들이닥쳤다면, 나도 아마 비슷한 눈빛을 보내지 않았을까. 딕이 왓츠앱으로 소개해준 헨드릭 캄피오니를 찾고 있는데, 마침 그가 먼저 나를 알아보고 다가왔다.

 나는 그에게 클럽 이름 '로열 헤이그'를 네덜란드 억양으로 말해달라고 부탁했다. 'Koninklijk Haagsche'. 알

파벳의 낯선 조합만큼이나 알아듣기 힘든 단어였지만, 이국적인 발음이 이곳 클럽과 잘 어울린다는 느낌이 들었다.

날씨는 썩 협조적이지 않았다. 여행을 시작한 첫 일주일 동안 네덜란드와 프랑스 전역에 비바람을 동반한 궂은 날씨가 이어질 것이라는 예보는 안타깝게도 정확히 들어맞는 모양이었다. 쏟아지던 장대비가 주춤해졌던 오후 2시, 헨드릭과 그의 친구 어윈 몰레나르와 함께 유럽 대륙 최고의 골프장 중 하나로 평가받는 로열 헤이그의 페어웨이에 드디어 발을 디뎠다.

로열 헤이그는 1938년, 당대 최고라 평가받던 영국인 설계자 해리 콜트(Harry Colt)가 만든 골프클럽이다. 이곳의 특징은 홀마다 드라마틱한 지형의 변화를 보여준다는 것

18번 홀과 아름다운 클럽하우스

인데, 이런 지형 때문에 골퍼들은 전략을 세워 코스를 공략하고 창의적인 샷을 시도해야 한다. 다양한 크기와 형태의 모래언덕과 나무들이 시야를 가리거나 공략 경로를 방해하며, 골퍼의 상상력을 자극하고 도전 의식을 불러일으키는 명문 코스임이 분명했다.

플레이 지역이 아닌 곳에 자라 있는 수목과 지피식물은 자연 그대로의 모습을 유지하고 있었다. 이처럼 골퍼들의 발길이 닿지 않는 코스 내 '비관리 지역'의 상태를 보면 그 골프장의 미래를 예측해볼 수 있다. 로열 헤이그는 비관리 지역을 다양한 식생의 생태계로 잘 보존한 지속가능한 골프코스의 좋은 사례라 할 만했다.

아늑한 클럽하우스에서의 저녁 식사는 치즈와 스테이크, 맥주와 와인을 곁들인 풍성한 자리였다. "처음에는 동양에서 온 낯선 사람과 하루를 보낸다는 게 망설여지기도 했다"고 헨드릭은 솔직하게 말했다. 하지만 절친한 친구 딕의 부탁을 거절할 수 없었고, 비와 강풍 속에서 이방인과 반나절을 함께할 용기를 냈다. 헨드릭은 윙크를 하면서 이렇게 덧붙였다.

"준, 오늘 같이 보낸 시간이 앞으로도 생각날 거야. 너와 또다시 골프를 칠 수 있다면 좋겠다. 그때는 딕과 함께하자고. 아쉽지만 오늘은 딕이 클럽에 맡겨놓은 와인으로 축

아늑한 클럽하우스에서 즐긴 네덜란드 치즈를 곁들인 저녁

배를 들자."

    클럽하우스의 벽에는 다양한 장식물들이 걸려 있었다. 세월의 흔적이 묻어 있는 오브제들은, 85년의 시간 동안 이 공간을 채워온 회원들의 애정과 자부심을 보여주는 상징과도 같았다.

    네덜란드 서쪽 끝, 헤이그에서의 하루는 골프로만 끝나지 않았다. 낯선 이들이 골프를 통해 친구가 되는 '골프의 마법'이 작동한 날이었다. 골프와 와인을 함께 나누며 '유한한 시간을 음미'할 수 있었던 값진 경험이었다.

딕 고머가 프랑스 보르도에서 생산한 브라나스 와인과 함께

Day 2

UGC 드 판
100년의 유산이
살아 숨 쉬는 마법의 숲

위치: 네덜란드 보스앤다인
설계자: 해리 콜트
설립 연도: 1929년
2021 〈GOLF 매거진〉 세계 100대 코스 순위: 95위

암스테르담 도착 이튿날, 6시에 기상하여 위트레흐트 시로 향했다. 이날은 UGC 드 판에서 라운드를 마친 후, 오후 5시 50분 암스테르담발 더블린행 비행기를 탈 예정이었다. 렌터카를 반납하고, 출발 2시간 전에 체크인하려면 늦어도 오후 2시에는 코스에서 출발해야 했다.

40일간의 골프 여정을 계획하면서, 나는 모든 일정을 엑셀 스프레드시트에 정리했다. 방문할 코스 리스트와 순서를 먼저 정하고, 이동 거리와 시간을 계산한 다음 호텔을 고르고 예약하면서 변경된 내용은 전체 일정에 바로 반

공원을 가로지르는 UGC 드 판으로 가는 길

영했다. 유럽에서는 이메일보다 전화가 훨씬 효과적이기 때문에, 방문하고자 하는 클럽에 이메일을 보낸 직후 전화를 걸어 확인하면 바로 답을 얻을 수 있었다. 이 방법은 상당히 효율적이었고, 그 덕분에 생각보다 훨씬 수월하게 골프 일정을 조율할 수 있었다.

아침 7시 20분, UGC 드 판의 주차장에 도착했다. 인적 없는 그곳에서 나를 맞이해준 것은 그리스·로마 신화의 판(Pan) 조각상이었다. 자연과 목축의 신 판은 즐겁게 팬플루트를 부는 모습이었는데(팬플루트의 어원도 판이 부는 피리에서 왔다), 마치 조각상이 내게 '숲속에서 들려오는 팬플루트 소리에 정신을 팔지 말라'고 경고하는 듯했다. 다행히 조각상의 마법에 빠지기 전, 딕 고머의 친구이자 그날의 호스트인 프란스 스토르크가 클럽하우스 마당에 도착했다.

여행을 시작한 이후 처음으로 비가 오지 않았던 아침, 숲속의 공기는 상쾌했다. 영국 밖에서 해리 콜트가 디자인한 코스를 이틀 연속 플레이하는 것은 신선한 경험이었다. 네덜란드 대륙 한가운데에서 정통 히스랜드 스타일을 구현한 UGC 드 판은, 처음 방문한 골퍼들에게 예측할 수 없는 즐거움을 선사한다. 전반부의 6번 홀부터 11번 홀까지, 그리고 후반부의 15번부터 17번 홀까지 크고 작은 언덕과 능선들이 이어져 예측 불가한 블라인드 샷을 요구하며 플레이에 직접적인 영향을 미친다. 그런데 이런 지형의 형태가 너무도 특이해서 1920년대 코스 설립 당시, 말이 끄는 쟁기로 그 형태를 만들었다는 설이 믿기 힘들 정도였다.

UGC 드 판 입구에 서 있는 '판'의 조각상

실제로 플레이해보니 특히 짧은 파4 홀 들이 자연 속에 배치된 방식은 상상을 초월했다. 골퍼의 위치에 따라 그린이 반쯤 보이거나 완전한 블라인드 샷을 요구하기도 했다. 전장은 6,668야드로 짧은 편이었지만, 자연 지형 자

↑ 짧지만 시야가 제한된 티샷이 요구되는 파4, 7번 홀
↓ 네덜란드의 진정한 히스랜드 코스, 16번 홀

체가 라운드를 매우 도전적으로 만들고 있었다(어쩌면 판의 마법 때문일지도 모른다).

골프를 마친 후, 프란스는 클럽하우스를 안내하며 벽면에 걸린 커다란 지도를 소개했다. 빛바랜 종이 위에 남아있는 글씨와 도형은 클럽의 역사만큼이나 오래되어 보였다. '드 판 자연공원 임시 지형도'라는 제목 아래로, 아메바

같이 유기적인 자연 지형이 인간의 손길이 닿기 전의 형태 그대로 그려져 있었다.

나는 해리 콜트가 이 땅을 처음 마주했을 때 어떤 생각을 했을지 상상해보았다. 그는 영국 서리(Surrey) 지역의 히스랜드에서 정립한 기존 방식을 버리고, 위트레흐트의 자연 지형을 코스 설계의 핵심 요소로 재창조했다. 그리고 고향에서 멀리 떨어진 네덜란드에 세계적으로도 유래가 없는 가장 독창적인 히스랜드 코스를 탄생시켰다.

골프장은 정형화된 유물이 아니다. 변화하는 흙과 잔디, 나무와 함께 코스는 살아 숨 쉰다. 드 판의 그린과 벙커는 오랜 세월을 거치며 형태가 변하고 외형이 부드러워졌지만, 그 안에 담긴 마법 같은 매력은 여전히 살아 있었다. 이

100년 전 모습을 담은 드 판 자연공원의 지형도

1번 홀을 출발하는 네덜란드 골퍼들

런 유산을 어떻게 보존하고 되살릴지는 클럽의 선택에 달려 있다. 나는 수많은 전통 클럽들이 '골프코스 건축의 황금기(Golden Age of Golf Course Architecture)'라 불렸던 20세기 초에 설립된 설계의 본질을 되살리기 위해 복원 프로젝트를 감행하는 모습을 지켜보았다. 어떤 클럽은 성공했고, 또 어떤 클럽은 실패했다. 성공한 곳은 대부분 역사와 설계 철학을 존중하고 이해하는 건축가를 선택하여 리모델링을 전폭적으로 지원한 경우였다.

프랑스가 자리를 뜬 후, 나는 발코니에 앉아 심플한 햄치즈 샌드위치와 네덜란드 맥주를 앞에 놓고 망중한을 즐겼다. 1번 홀 티잉 그라운드 위에서 알록달록한 의상을 입고 라운드를 준비하는 현지 골퍼들을 바라보자니 '이보다 더 좋을 수 있을까?' 하는 생각이 절로 들었다.

네덜란드에서 만난 사람들과 골프코스는 특별한 기억으로 남았다. 크고 작은 요소에 다양한 지역 문화의 흔적이 녹아들어, 클럽 하나하나를 매력적인 유산으로 만들었다. 다음 목적지인 프랑스의 클럽들은 또 어떤 모습을 보여줄 것인가?

골프와 함께하는 여정은 세상에 대한 궁금증을 더하는 독특한 매력이 있다.

100퍼센트 자연 지형 위에 설계한 10번 홀

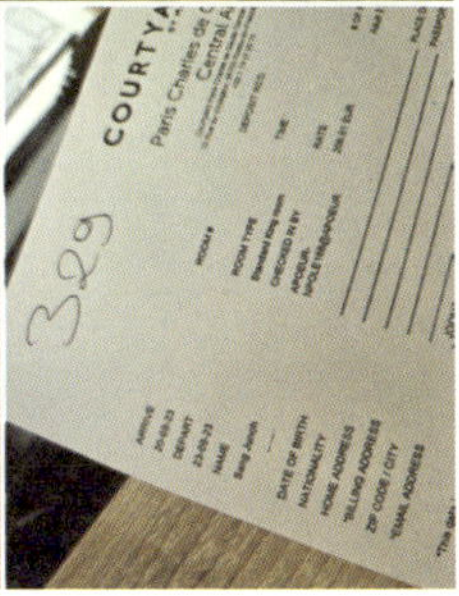

네덜란드 골프클럽에서의 추억이 담긴 기념품

Day 3

퐁텐블로 골프클럽
이상적인 떼루아가 탄생시킨
프랑스의 유산

위치: 프랑스 일드프랑스 퐁텐블로
설계자: 톰 심프슨 / 프레드 W. 호트리
설립 연도: 1909년

'떼루아(Terroir)'는 프랑스어로, 한 지역의 지형, 토양, 기후 등 포도 산지의 특징을 포괄하는 개념이다. 떼루아가 포도의 개성과 맛을 결정짓기 때문에, 같은 품종과 제조 방식을 사용해도 떼루아에 따라 전혀 다른 와인이 탄생한다. 재미있게도 떼루아는, 와인만이 아니라 골프장에도 존재한다.

골프장의 떼루아는 토양의 성질과 땅의 형태, 그리고 기후에서 비롯된다. 세계 100대 코스 중 절반 이상이 해안의 사구 지형에 위치한다는 사실을 보면 어떤 떼루아가 골프에 유리한지를 잘 알 수 있다. 사계절 건조하고 바람이 잘

통하는 환경, 배수가 뛰어난 모래 토양은 건강한 잔디 생장을 위한 최적의 조건이다. 그 결과, 빠르고 단단한 코스 컨디션을 만들 수 있고, 다양한 구질의 샷이 가능해진다. 여기에 해안 사구의 굴곡을 따라 자연스럽고도 섬세한 형태의 코스가 완성된다면, 그곳은 최고의 떼루아를 가진 골프장이 된다.

40일간의 여정 가운데, 처음 두 나라인 네덜란드와 프랑스에서 나는 기대 이상의 뛰어난 떼루아를 발견했다. 네덜란드 특유의 떼루아인 링크스 형태를 띤 노르트베이크서와 내륙 듄스 형태의 로열 헤이그, 그리고 히스랜드 스타일의 드 판은 각기 다른 매력을 보여주었다. 이렇게 다양한 골프코스의 자연환경과 클럽 문화를 경험할 수 있는 것이 골프 여행의 묘미일 것이다.

퐁텐블로 골프클럽의 평범한 입구

샤를 드골 공항으로 향하는 파리행 비행기에서 나는 에디트 피아프가 종달새 같은 음성으로 부르는 〈아무것도 후회하지 않아요(Non, je ne regrette rien)〉를 들으며, 아름다운 퐁텐블로 숲속의 코스를 상상해보았다. 고풍스러운 예술의 나라 프랑스에서 또 어떤 떼루아를 경험하게 될지 기대감이 차오르기 시작했다.

한주 내내 비가 예보되었지만, 미리부터 실망하지는 않기로 했다. 클럽하우스에 도착하니, 프랑스 특유의 우아함이 느껴지는 노르망디 양식 건물 외관과 내부의 화려한 프레스코 벽화가 눈에 들어왔다. 밝은 웃음으로 환대하는 바텐더에게 가장 프랑스다운 음료를 추천해달라고 부탁했다. 그가 즉석에서 만든 신선한 자몽주스와 토닉워터가 어우러진 '르쇼즈(Le Chose)'는 단 한 모금만으로도 날씨에 대한 걱정을 말끔히 씻어주었다.

장대비가 내린 덕에 텅 빈 클럽하우스를 독차지하고서 두 잔째 르쇼즈를 마시며, 두툼한 프랑스식 스테이크로 멋진 점심식사를 하고 나니 비가 잦아들기 시작했다. 그 틈을 노려 1번 티잉 그라운드로 서둘러 나가 프랑스에서의 첫 라운드를 시작했다.

라운드의 시작과 동시에, 이곳 퐁텐블로(Golf de Fontainebleau)가 설계자 톰 심프슨(Tom Simpson)의 진수를 보여주

퐁텐블로 골프클럽에서 풍경과 함께 즐긴 스테이크와 자몽 음료

는 곳임을 실감할 수 있었다. 그린은 절묘한 굴곡과 고저 변화를 이루며 자연스럽게 숲속 지형과 어우러졌고, 대담한 형태의 페어웨이 벙커는 사선으로 잔디밭을 가로지르거나 그린으로 연결된 통로를 가로막으며 도전 심리를 자극했다.

그린 주변의 벙커는 은밀하게 배치되어 있었고, 부드러운 능선 주변에 자라난 헤더의 지피식물은 아름다운 풍경을 선사하는 한편으로, 골퍼들에게 엄청난 시련을 주는 자연의 해저드 역할을 했다. 네 번째 홀의 티잉 그라운드에 오르려던 순간, 다시 거센 비가 내리기 시작했다. 황급히 근처 숲으로 피해서 숨을 고르는데, 순간 믿기지 않는 자연의 앙상블이 귓전을 울렸다. '투둑, 투두둑, 투두두둑'.

← 톰 심프슨 설계의 정수가 담긴 1번 홀
→ 장쾌한 내리막 도전이 기다리는 3번 홀

  나뭇잎과 가지를 두드리는 빗소리가 마치 즉흥 연주회처럼 숲 전체를 하나의 울림으로 가득 채웠다. 혼자였기에 온전히 느낄 수 있었고, 낯선 땅이었기에 더욱 강렬하게 각인된 순간이었다.

  한참을 기다렸지만 비는 멈출 기미를 보이지 않았다. 결국 나는 우비를 걸치고, 비를 뚫고서 라운드를 이어가기로 결심했다. 그리고 곧 그 선택이 옳았음을 깨달았다. 비가 오는 중에도 그린에 물이 고이지 않았고 퍼터 헤드를 떠난 공은 예상대로 굴렀다. 배수가 탁월한 토양과 지형이 만든 떼루아 덕분이었다.

  퐁텐블로의 떼루아는 세계적인 내륙 골프장을 만들기에 완벽한 조건을 갖추고 있었다. 아마도 1920년, 이곳을

← 전반 마지막 파4, 9번 홀
→ 노출된 암석이 위협하는 독특한 페어웨이, 12번 홀

리모델링하기 위해 처음 방문한 톰 심프슨 역시 이 땅을 보고 흥분을 감추지 못했을 것이다. 나지막한 봉우리 위에 자리잡은 티잉 그라운드 위에서 내려다보는 경치는 골퍼들의 심장을 뛰게 하고, 코스를 형성하는 지형과 토질은 프랑스 안에서도 오직 퐁텐블로만이 가질 수 있는 유니크한 지역성을 완벽히 구현했다.

하지만 1909년 설립된 이래 100년의 시간이 흐르면서 코스 밖의 숲은 점점 울창해졌고 페어웨이를 좁혀오기 시작했다. 이는 퐁텐블로만의 문제가 아니라 100년 이상 된 전 세계의 골프장들이 공통적으로 겪는 문제이기도 하다. 이를 해결하기 위해 각국의 명문 코스들은 보존할 가치가 없는 나무들을 벌목하거나 가지치기를 해서 넓은 페어웨

숲속의 그림 같은 골프 홀, 17번 홀

이를 복원하려는 노력을 해왔다. 실제로 미국, 호주, 뉴질랜드, 일본, 영국의 골프장은 이러한 복원을 시도하여 성공을 거두었다.

하지만 안타깝게도 퐁텐블로는 그런 행운을 누리지 못했다. 이 숲과 골프장은 프랑스 정부의 자연보존법 아래 철저히 보호받기 때문에 나무를 베거나 가지를 치는 행위조차 허용되지 않는다. 그럼에도 나는 가까운 미래에 골프장과 지방정부가 숲 전체의 생태를 해치지 않으면서도 코스를 원형에 가깝게 되돌릴 현명한 방법을 찾을 수 있기를 기대한다.

인간은 생존을 위해 끊임없이 자연을 변형해왔다. 그중

몇 개의 골프공이 보이시나요? 총지배인의 사무실

어떤 행위는 공존을 위한 해답이었고, 다른 행위는 파멸을 불러오는 오답이었다. 골프는 지금까지 자연을 파괴하는 스포츠라는 비판을 받아왔다. 그러나 한편으로 골프는 많은 사람들에게 자연 속을 걷고, 맑은 공기를 마시며, 소중한 사람들과 특별한 시간을 보내게 해주는 매력적인 문화로서 사랑을 받고 있기도 하다. 내가 퐁텐블로에서 경험한 위안과 감동은, 골프가 자연과 더 가까이 공존할 수 있다는 믿음을 심어주기에 충분했다.

Day 4

샹티이 골프클럽

톰 심프슨 설계의
본질을 발견하다

위치: 프랑스 오드프랑스 비뇌이생피르맹
설계자: 톰 심프슨
설립 연도: 1909년

16세기에 지어진 궁전을 지나서야 도착할 수 있는 골프장이 세상에 또 있을까? 여정의 네 번째 날의 목적지는 샹티이 골프클럽(Golf de Chantilly)이었다.

  샤를 드골 공항에서 북쪽으로 30분 정도 차를 몰고 가면 '라푸히에흐'라 불리는 작고 예쁜 마을이 나온다. 샹티이로 향하는 길, 나는 이 마을을 통과하는 좁은 도로로 접어들었다. 붉은색 르노 클리오 자동차 뒤를 천천히 따라가고 있는데, 회전교차로 너머로 샹티이 성이 모습을 드러냈다. 예상치 못한 순간에 맞닥트린 찰나의 장면이었지만, 운 좋게도 그 순간을 카메라에 담을 수 있었다.

클럽 입구에 도착하자 검정색 철제 문이 진입로를 가로막고 있었다. 전날 방문한 퐁텐블로 골프클럽 입구를 고민 없이 통과했던 것과는 정반대의 상황이었다. 창문을 열고 인터폰 버튼을 눌렀다. "봉쥬르" 하고 프랑스어로 인사를 건넨 뒤, 영어를 섞어 예약 내용을 설명하자 철제 대문이 소리도 없이 천천히 열렸다. 나는 조심스럽게 클럽 안으로 차를 몰고 들어갔다.

샹티이 골프클럽은 두 개의 18홀 코스(르 비뇌이유, 레 롱제르)와 천연 잔디 연습장을 갖춘 대규모 클럽이다. 가장 먼저 눈길을 끈 것은 큐알(QR) 코드 골프공 디스펜서가 설치된 독특한 연습장이었다. 어두운 회색 벽에 뚫린 작은 구멍을 통해 골프공이 튀어나오는 구조였는데, 전 세계 어디

샹티이 성 근처, 빨간색 클리오를 따라가는 길

샹티이 골프클럽에서 만나는 역사의 매력

에서도 보기 힘든 기이하면서도 창의적인 장치였다. '이런 걸 보고 프렌치스럽다고 하는 게 아닐까?' 하는 생각이 들었다.

어김없이 내리는 비를 피하기 위해 기념품 숍을 둘러보고, 연습장에서 워밍업을 하고, 클럽하우스 주변 사진을 찍은 뒤, 금요일 늦은 아침 톰 심프슨이 설계한 또 하나의 코스로 향했다.

르 비뇌이유(Le Vineuil) 코스 곳곳에는 역시 톰 심프슨 특유의 건축적 언어가 고스란히 드러났다. 다양한 형태와 크기의 벙커들이 예상치 못한 위치에 자유롭게 배치돼 있었고, 그린은 매 홀마다 다른 각도로 공략하도록 섬세하게 설계되어 있었다. 또한 페어웨이의 오목하고 볼록한 굴곡이 벙커나 주변 지형과 자연스럽게 연결되어, 흥미로운 윤곽을 형성하고 있었다.

↑ 구름 사이 햇살이 반짝했던 순간, 7번 홀
↓ 르 비뇌이유 코스의 1번 홀

    샹티이와 퐁텐블로, 두 클럽의 가장 큰 차이점을 꼽자면 땅의 규모와 성격이라 할 수 있다. 퐁텐블로가 폐소공포증을 일으킬 것 같은 울창한 숲속에 좁은 길을 내놓은 것 같았다면, 샹티이는 프랑스 전원의 사냥터처럼 평탄하고 수평적인 느낌을 주었다. 보기에 우아하고 안정감이 느껴지지만, 만만히 봤다가는 큰코다칠 수 있는 난이도를 숨기고 있다.

한편 샹티이의 떼루아는, 퐁텐블로와 달리 많은 비가 내릴 경우 배수가 되지 않는다는 토양의 단점을 안고 있었다. 실제로 몇몇 그린은 물이 고여 홀컵까지 잠기기도 했고, 때문에 나는 침수된 그린을 수시로 피해 다녀야 했다. 하늘에 구멍이 뚫린 것처럼 폭우가 쏟아졌지만, 톰 심프슨 설계의 본질을 발견하고 싶다는 생각 하나로 묵묵히 플레이를 이어갔다.

프랑스의 골프장들은 대체로 안내 표지판이 부족한 편이었다. 다음 홀로 가는 방향을 표시해주는 작은 화살표 표지 하나만 있었더라도, 나 같은 방문객이 길을 잃는 일은 없었을 것이다. 실제로 나는 샹티이에서 두 번이나 길을 잃었다. 11번 홀을 끝낸 후에, 이미 플레이를 마친 8번 그린 뒤를 돌아서 오솔길을 따라 12번 홀로 가야 한다는

← 홀컵에 가득한 빗물
→ 톰 심프슨의 대담한 벙커 설계, 8번 홀

18번 홀의 마이클 로프터스

걸 나 같은 이방인이 어찌 알 수 있을까? 나는 마치 당연하다는 듯 바로 옆에 붙어 있는 레 롱제르(Les Longères) 코스의 티잉 그라운드에서 플레이를 시작했다. 그렇게 티샷을 마치고 나서야 뭔가 잘못됐다는 걸 깨달았다.

프로숍에서 사온 코스 지도책을 이리저리 돌려 보며 길을 찾고 있는데, 1번 홀부터 내 뒤에서 플레이하며 멀찌감치 따라오던 2인조가 다가왔다. 한 사람은 더블린 출신의 마이클 로프터스였고, 또 한 사람은 프랑스 남부에서 온 필립 자콩이라고 했다. 비즈니스 파트너였던 두 사람은 은퇴 후에도 절친으로 지내는 사이였다. 내가 길을 잃은 덕분에, 우리는 남은 7홀을 함께 플레이했고 클럽하우스에서 늦은 점심까지 같이하게 되었다.

그들은 아일랜드와 남아프리카공화국 간의 럭비 월드컵 경기를 관람하러 파리에 왔다고 했다. 평소 럭비에 큰 관심이 없던 나도 이번만큼은 그 경기를 챙겨 보고 싶다는 생각이 들었다.

두 사람과는 점심 식사 후 바로 헤어졌다. 가벼운 인사를 나누고 서로 갈 길을 떠나던 순간에는 이 짧은 인연이 곧 다시 이어질 것이라고는 예상하지 못했다. 그러나 2주 뒤, 마이클과 나는 다시 만나게 되었다.

샹티이의 라커룸과 건축가 톰 심프슨의 사진

빗속의 라운드 후 호텔 방 전경. 내일을 위한 준비

Day 5

레 보르드 - 올드 코스

프랑스 계곡에 세워진
귀족의 골프코스

위치: 프랑스 상트르발드루아르 생로랑누앙
설계자: 로버트 본 해기
설립 연도: 1986년

 40일간 거의 매일 골프장을 옮겨 다니는 벅찬 일정이었지만, 다행히도 그중 한 곳에서는 아침을 맞고 라운드를 시작하는 여유를 누릴 수 있었다. 드라이빙 레인지와 퍼팅 그린에서 연습도 하고, 골프가 끝난 후엔 운전 걱정 없이 시원한 맥주로 갈증을 날려버릴 수 있는 최고의 하루. 여행 5일차에 나는 레 보르드(Les Bordes)에서 그런 완벽한 하루를 보냈다.

 토요일 늦은 아침 리조트에 도착하자마자 클럽하우스의 테라스에 앉아 프랑스식 피시앤드칩스와 프랑스에서 내가 가장 좋아하게 된 골프 음료 르쇼즈를 주문했다. 하

← 평화로운 레 보르드의 테라스
→ 레 보르드의 깨끗한 퍼팅 그린

늘은 마치 이 순간을 위해 그려진 듯 아름다웠고, 햇살은 빗속 여정을 견딘 보상처럼 눈부셨다.

　몇몇 골퍼들이 올드 코스를 향해 걸어가는 모습을 바라보며 고요한 평온 속으로 잠겨들었다. 그때 문득 골프 역사 속의 두 인물이 떠올랐다. '남작(Baron)'으로 불렸던 귀족 출신의 두 사람은 활동했던 시간과 장소가 달랐지만 골프에 대한 열정만큼은 서로 닮아 있었다.

　일본의 오쿠라 키시치로(大倉喜七郎) 남작은 세계적인 골프 리조트를 창조한 인물 중 하나로 꼽힌다. 그는 시즈오카 현, 태평양이 내려다 보이는 절벽 위에, 1928년에는 오시마 코스를, 1930년에는 후지 코스를 만들었고, 1936년 카와나 호텔&리조트를 완성했다. 당시 영국인 설계자 찰스 휴 앨리슨(C. H. Alison)을 일본으로 초청해 설계한 후지 코스는 2023 〈GOLF 매거진〉 세계 100대 코스 중 53위

↑ 길고 좁은 6번 홀 그린
↓ 벙커로 둘러싸인 12번 홀 그린

에 올라 있다.

    이에 버금가는 또 한 명의 남작은 이탈리아 태생의 마르셀 비크(Marcel Bich)다. 그는 볼펜 브랜드 '빅(Bic)'을 만들어 세계적인 히트 상품으로 키워낸 인물이기도 하다. 이후 일회용 라이터, 면도기 등의 상품 개발에도 연달아 성공한, 재능 있는 사업가였다.

그가 오쿠라 남작과 연결되는 지점은 바로 '꿈의 골프장'을 세운 것이다. 1987년, 그는 가족과 친구들을 위한 프라이빗 골프장을 프랑스 르와르 계곡에 건설했고, 미국인 설계자 로버트 본 해기(Robert von Hagge)에게 18홀 코스를 의뢰했다.

1980년대 후반, 마르셀의 가족과 손님들은 처음 이 골프장을 접하고서 무척 놀랐을 것이다. 와인 산지로 유명한 르와르 계곡 한가운데 만들어진 이 코스는, 파크랜드 형태의 전형적인 프랑스 골프장 스타일에서 벗어나 상당히 이국적인 분위기를 풍겼다. 미국 플로리다 주에 있는 워터 해저드로 가득한 코스를 연상케 했기 때문에, 이곳을 처음 방문한 사람들은 TV에서 보던 미국 PGA 투어 코스가 떠올랐지도 모른다.

높은 난이도로 악명 높은 올드 코스는 예상대로 매우 도전적이었다. 총 전장 6,589야드에 슬로프 레이팅(Slope Rating) 143을 자랑하는 이곳은, 40일간의 골프 여정을 통틀어 가장 어려운 코스라 할 만했다. 총 네 개의 파3홀 중 세 홀은 워터 해저드를 넘겨 티샷을 해야 했다. 인상적인 것은, 현지의 자연 지형을 이용하는 대신 이질적인 미국식 스타일의 코스 설계를 그대로 구현했다는 점이다.

이런 종류의 코스는 미국 남부의 사우스캐롤라이나, 조지아, 플로리다에서 숱하게 접할 수 있다. 나는 그중 최고로 손꼽히는 코스인 하버타운 골프 링크스(Harbour Town Golf Links), TPC 소우그래스(TPC Sawgrass)와 레 보르드 올드 코스를 비교할 수밖에 없었다. 솔직한 평을 하자면, 레 보르드의 올드 코스는 현지의 떼루아를 활용하여 최상의 맛을 낼 수 있는 품종을 재배하는 대신, 전혀 다른 토양과 기후에서 자라는 포도 종자를 들여와 와인을 만든 듯한 느낌이었다. 한마디로 이도 저도 아닌 애매한 맛의 와인을 마시는 듯했다.

라운드를 마치고, 여행을 시작한 후 처음으로 여유를 느

워터 해저드를 넘기는 파3 홀, 4번 홀

레 보르드의 미식과 아늑한 클럽하우스

껐다. 프라이빗 롯지에서 따듯한 욕조에 몸을 담글 수 있었고, 저녁 식사 전까지 충분한 휴식을 취했다. 해 질 무렵 산뜻한 차림으로 밖을 나섰다. 서늘한 르와르 밸리의 향기로운 공기가 가슴 가득 밀려들어 왔다.

나는 테이블 대신 바에 앉아 바텐더에게 오늘의 메뉴가 무엇인지 물었다. 인근 르와르 밸리에서 탄생한 상세르 화이트 와인과 랑구스틴 샐러드, 상세르 레드 와인과 양고기 구이는 최고의 페어링이었다.

바 옆의 TV 화면은 파리에서 열리는 아일랜드와 남아프리카공화국의 럭비 월드컵 경기를 중계하고 있었다. 상티이에서 함께 플레이를 했던 마이클과 필립은 지금쯤 이 경기를 직관하고 있을 터였다. 마이클이 예상했던 것처럼, 아일랜드가 남아프리카공화국을 큰 점수 차로 이기고 있었다. 게스트들이 소파에 앉아 TV를 보면서 주고받는 대화가 들려왔다. 누군가가 웃으며 이렇게 말했다.

"오늘 공 몇 개나 잃어버렸는지 기억나? 난 거의 두 박스는 물속에 빠트린 것 같아. 코스가 어찌나 터무니없이 어렵던지… 프로숍에서 공 한 박스를 사지 않았더라면 18홀을 다 끝내지도 못할 뻔했어."

플레이어들을 괴롭히는 코스만이 도전할 가치가 있는 것은 아니다. 르와르의 떼루아는 세계적으로 사랑받는 와인 품종을 만들어냈다. 가볍고 산뜻한 '쇼비뇽 블랑'과 우아하고 향기로운 '피노 누아'. 이곳에서만 경험할 수 있는, 풍미 가득한 코스가 아쉬워지는 밤이었다.

Day 6

레 보르드 - 뉴 코스
'무'에서 '유'를 창조한
흥미진진한 드라마

위치: 프랑스 상트르발드루아르 생로랑누앙
설계자: 길 한스 / 짐 와그너
설립 연도: 2021년
2023 〈GOLF 매거진〉 세계 100대 코스 순위: 83위

전날 밤 멋진 저녁 식사를 마친 후, 나는 바 선반 위에 진열된 세 병의 일본산 싱글몰트 위스키 중 하나를 골라 주문했다. 프랑스의 골프 리조트에서 일본어가 적힌 위스키 라벨을 본다는 건 조금 생소한 일이었다. 스모키한 야마자키 향 너머로, 1990년대 후반 내가 맨해튼에서 건축과 프랑스 형이상학을 공부하던 시절의 기억이 되살아났다.

그 시절 뉴욕의 건축학계에선 질 들뢰즈와 펠릭스 가타리의 저작을 읽고 생각을 나누는 것이 유행처럼 번졌다. 들뢰즈가 《차이와 반복》에서 언급한 돈키호테의 서사에

뉴욕 시절을 기억하게 만든 일본 싱글몰트 위스키 3종

관한 이야기는 특히 인상 깊어서, 나는 지금도 종종 인용하곤 한다. 들뢰즈에 따르면, 세르반테스가 창조한 스토리는 다양한 시대와 언어 속에서 여러 번 반복되어 다시 쓰이면서 새로운 의미를 생성해냈다. 시간과 언어가 일종의 장치처럼 작동하며 원본에서는 도저히 상상할 수 없었던 해석이나 의미를 만들어낸다는 것이다.

이 개념을 오늘날의 골프장 설계에도 적용해볼 수 있다. 설계자는 창조성을 발휘하여 자연환경을 매체 삼아 새로운 공간을 만들어낸다. 여기서 설계자의 창조성은 하나의 '기계장치'라 할 수 있다. 이 과정에서 골프장이 세워진 지역의 떼루아와 문화적 환경은 설계된 창조물과 반응하여 새로운 차이를 만들어낸다.

차이와 반복의 개념으로 '코스 설계'를 정의하자면, 설계자의 역할은 해당 지역의 자연적, 문화적 요소를 존중하고 이해하여, 그 안에서 골프에 적합한 공간을 찾아내는 방식이라 할 것이다. 이는 1970~1980년대 설계자들이 도식화된 설계법을 자연 지형에 억지로 덧씌우던 방식과는 확연히 다르다. 레 보르드의 올드 코스가 부자연스럽게 느껴지는 것은 아마도 이런 이유 때문일 것이다.

들뢰즈와 가타리는 《천 개의 고원》에서 재료와 형식의 관계를 탐구하며, 형태를 재료에 강요하는 것이 아니라, 재료의 흐름을 따라가며 연결하고 반응하는 방식으로 사유할 것을 제안한다. 나는 골프장 설계에서도 이처럼 '땅에 순응하는' 방식이 존중되어야 마땅하다고 생각한다.

위스키 잔이 비어갈 무렵, 내일 플레이할 뉴 코스를 상상해보기 시작했다. 미국의 건축가 길 한스(Gil Hanse)가 설계한 뉴 코스는 개장하자마자 〈GOLF 매거진〉의 세계 100대 코스 순위 83위에 오른 곳이다. 로버트 본 해기와 길 한스. 이들은 프랑스 르와르 밸리의 메루아와 문화적 환경을 각기 다른 시대에 어떤 방식으로 해석하고 답을 찾아냈을까?

다음 날 아침, 나는 기대를 안고 레 보르드 뉴 코스를 향해 나섰다. 나는 길 한스의 작품을 태국에서 처음 접했다.

방콕 북부에 위치한 발리쉐어 골프 링크스(Ballyshear Golf Links)는 전 세계 골프 전문가들의 찬사와 혹평이 엇갈리는 코스였다. 내 경험에 따르면, 발리쉐어는 태국이라는 지리적, 문화적 환경을 무시한 채 설계도면 위의 그림을 그대로 옮겨낸 사례였다. 길 한스의 코스에서 그때와는 다른 새로운 감동을 느낄 수 있기를 바라는 마음으로 걸음을 옮겼다.

레 보르드가 건설된 땅은 태국의 발리쉐어와 유사한 평탄 지형이다. 지형의 성격으로만 보자면 두 곳 모두 큰 특색이 없지만, 태국의 습지와 프랑스 와인 산지는 토양과 기후부터 다를 수밖에 없다. 길 한스는 레 보르드에서 발리쉐어와는 다른 선택을 했다. 자연환경뿐 아니라 문화와 역사의 맥락까지 제대로 이해하고 반영하여 이곳만의 차이를 극적으로 연출했다.

길 한스는 뉴 코스 건설에 앞서 프랑스의 유서 깊은 코스들을 답사했다. 100년 전 영국에서 온 해리 콜트와 톰 심프슨의 코스를 살펴본 후, 톰 심프슨의 유기적이고 자유분방한 설계 스타일을 레 보르드에 적용하기로 했다고 한다. 시공간을 초월한 컨텍스트의 재해석이 새로운 문화를 탄생시킨 순간이었다.

바로 옆의 올드 코스가 18홀 중 절반 이상이 워터 해저드와 맞닿아 있는 데 반해, 뉴 코스에서는 워터 해저드를 찾아보기 힘들었고 플레이에 영향을 주는 공간도 없었다. 물의 요소가 제한적이었지만, 뉴 코스에서의 플레이는 훨씬 더 즐거웠다. 아이러니하게도 만든 지 2년밖에 되지 않은 뉴 코스가 37년 전 오픈한 올드 코스보다 더 성숙해 보였고, 주변 자연과의 조화도 뛰어났다.

뉴 코스에는 인상적인 짧은 파4 홀이 세 개 있다. 그중에서도 11번 홀은, 설계의 힘에 의해 편평한 지형도 얼마든지 아름답고 도전적인 홀로 바뀔 수 있음을 보여주는 완벽한 사례였다. 화이트 티에서 347야드 전장의 이 홀은, 오른쪽에서 왼쪽으로 부드럽게 휘어진 페어웨이에 드로우 구질로 티샷을 보낸 후, 왼쪽에서 오른쪽 사선 방향으로 배치된 그린을 향해 페이드 구질의 어프로치 샷을 하도록 요구한다. 정교하게 배치된 페어웨이 벙커들은 홀의 형태를 더욱 강조한다. 이날의 홀컵 위치 또한 절묘하게 배치되어서, 완벽에 가까운 샷도 단단한 페어웨이 위를 한없이 굴러 자칫 불운한 결과에 빠질 수 있는 곳에 도사리고 있었다.

이 홀의 드라마는 길고 좁은 그린 위에서 펼쳐졌다. 공을 멈춰 세우기조차 힘든 단단하고 작은 그린에서, 나는 레 보르드 리조트의 총지배인 잭 로우스와 함께 멋진 추억

더블 도그렉 구조의 파4, 11번 홀

을 만들었다. 우리는 약속이나 한 것처럼 각기 숲과 러프로 향한 티샷을 찾아냈고, 그곳으로부터 세컨 샷을 그린에 안착시켜 버디를 만들어냈다. 서로 마주보고 '싱긋' 웃으며 엄지를 치켜세운 멋진 순간이었다.

총지배인 잭은 몇 해 전 영국에서 오를레앙으로 이주해, 레 보르드 리조트를 총괄하게 된 골프 전문가였다. 전직 프로 골퍼이자, 〈GOLF 매거진〉 패널로도 활동 중인 그는 뉴 코스가 건설된 현장의 이야기를 생동감 있게 들려주었다.

점심 식사 후 잭은 '와일드 피글릿'이라 불리는 새롭게 개장한 파3 코스를 구경시켜 주겠다고 했다. 리조트 부지 내의 자투리 땅을 허비하지 않고 파3 코스를 만드는 것이

↑↑ 9번 홀 티잉 그라운드의 잭 로우스
↑ 9번 홀 그린 주변의 잭 로우스
↓ 14번 홀 그린 사이드 벙커

세계적인 트렌드가 되었는데, 레 보르드에도 이런 매력적인 공간이 생긴 것이다. 다양한 전장의 파3 열 개 홀 모두를 플레이하며, 프랑스에서의 삶에 대한 이야기를 나누는 데는 채 한 시간도 걸리지 않았다.

아쉬운 작별 인사를 나누던 중, 잭은 한 가지 제안을 했다. 내가 더블린으로 떠나기 전날 저녁, 파리에서 특별한 이벤트를 마련해주겠다는 것이다. 골프 외에 별다른 약속이 없던 나는 기꺼이 그의 깜짝 제안을 받아들였다. 잭은 대체 무슨 계획을 벌이려는 것일까?

안락함과 즐거움이 공존하는 레 보르드

레 보르드 - 뉴 코스

르 투케로 가는 길

40일의 골프 여정 중에는 국경을 넘기 위해 비행기를 타거나 장시간 운전을 해야 하는 날도 많았다. 그런 날은 무리해서 라운드를 끼워 넣는 대신, 코스 인근 마을을 어슬렁거리며 로컬 맛집을 찾아보기도 하고 충분한 휴식을 취하며 다음 날을 준비했다. 그렇게 에너지를 비축한 뒤에는 최대한 골프에 집중해서, 하루 동안 두 개의 코스에서 36홀을 소화하곤 했다. 40일 중 그렇게 하루 두 코스를 돈 날은 모두 6일이었다.

예상치 못한 사건이 벌어졌던 프랑스에서의 하루도 바로 그런 날 중 하나였다.

새벽 4시 30분, 샤를 드골 공항 근처 호텔을 출발해 북서쪽 해변의 르 투케로 향했다. 오전 7시 50분에 라 메르 코스(Golf Du Touquet La Mer)에서 플레이를 할 예정이었다. 오후에는 근교 아르들로 골프클럽(Golf d'Hardelot)의 레 팽(Les Pins) 코스에서 또 다른 골프 일정이 있었고, 그 후에는 두 시간 반을 운전해서 호텔로 돌아와야 했다. 일분일초가

빠듯한 일정이라 여유가 없었다. 전날 저녁 호텔 근처 주유소를 지날 때만 해도 아직 기름이 충분하다고 생각해 안심했는데, 새벽길 어두운 고속도로는 아무리 달려도 주유소가 나타나지 않았다. 한 시간쯤 달렸을 때 계기판에 빨간 불이 들어왔고, 20~30분이 지나자 슬슬 불안감이 밀려왔다. 절박한 심정으로 도로변의 표지판을 살피던 중, 주유소까지 2킬로미터 남았다는 표지판을 보고서야 안도의 한숨을 쉴 수 있었다.

그런데 얼마 지나지 않아 등골이 서늘해지는 기분을 느꼈다. 2킬로미터 넘게 운전을 하고 나서야 주유소를 가기 위해서는 조금 전 지나쳐온 고속도로 출구로 빠져나갔어야 했다는 걸 깨달았다. 한국이나 미국처럼 고속도로 바로 옆에 휴게소와 주유소가 있으리라 생각했던 것이 실수였다.

'이 멍청아, 여긴 프랑스야!'

아무리 자책해봐도 해결책이 보이지 않았다. 순식간에 희망이 사라지는 기분이었다. 이제 이 차는 곧 멈춰 설 것이다. 하지만 계속 망연자실한 채로 있을 수는 없었다.

'아침 6시 반 프랑스 고속도로 한복판에서 차가 멈춰서는 안 된다. 빨리 이곳을 벗어나 마을을 찾아보자.'

애써 정신을 가다듬고 다음 번 출구로 빠져나갔다. 10~

이름 모를 시골 마을 길가의 타박(TABAC)에서 내쉰 안도의 한숨

15분쯤 더 달렸을까, 작은 마을이 눈앞에 나타났다. '어디라도 멈춰서 집 주인을 깨워 도와달라고 해야 하나?' 고민하며, 아직 새벽잠에 취해 있을 캄캄한 집들을 지나 천천히 차를 몰았다. 한순간 눈앞에 높은 첨탑의 교회가 나타났고, 바로 옆 건물 벽에 'TABAC'이라고 적힌 간판이 눈에 들어왔다. 속도를 줄이고 다가가니 기적처럼 주유기 두 대가 있었다.

작은 시골 마을에 있는 오래된 2층짜리 건물이라는 점으로 미루어 보아, 아마도 주인은 위층에 살고 있을 것 같았다. 조심스레 문을 세 번 두드리자 거짓말처럼 2층 창문이 열렸고 노인이 얼굴을 내밀었다.

영어로 상황을 설명했지만 노인은 창밖으로 고개를 갸우뚱거릴 뿐이었다. 결국 나는 난생처음 팬터마임을 하기로 마음먹었다. 트렁크 뒤로 달려가 차를 미는 시늉을 한 다음 주유기로 달려가 노즐을 빼어 들고 노인을 향해 흔들었다. 이런 우스꽝스러운 동작을 보고 나서야 노인은 상황을 이해한 것 같았다. 잠시 후 현관문이 열렸고 잠옷 차림의 노인이 나타났다.

그렇게 60유로어치 기름을 넣고 "메르시 보꾸(Merci beaucoup)"를 연거푸 외치며 감사 인사를 전한 뒤 다시 운전대를 잡았다. 눈앞이 캄캄했던 30분간의 지옥 같은 시간을 뒤로 하고, 안도의 기쁨이 밀려왔다. 왔던 길을 거슬러 밀밭 사이 도로를 달리며 차 안에서 이렇게 외쳤다.

"기다려라, 라 메르여. 내가 지금 간다!"

Day 7

르 투케 라 메르 골프코스

평온한 바닷가의
기분 좋은 산책 같은 링크스

위치: 프랑스 오드프랑스 르투케파리플라주
설계자: 해리 콜트/ 찰스 휴 앨리슨
설립 연도: 1931년

오전 7시 50분, 예정된 티타임보다 이른 시각에 르 투케 골프코스에 도착했다. 그 난리를 겪고도 아무 일 없었던 것처럼 이 자리에 무사히 와 있다니, 피식 헛웃음이 나왔다. 홀로 2인승 카트를 몰고 9홀짜리 르 마누아르 코스를 가로질러 해변의 라 메르 1번 홀로 향했다.

1931년에 개장한 이 전설적인 프렌치 링크스 코스는, 인근에 설립된 카지노 덕에 도버 해협을 넘어 찾아오는 영국인 골퍼들에게 큰 인기를 끌었다. 설계는 잉글랜드 출신의 당대 최고의 듀오인 해리 콜트와 찰스 휴 앨리슨이 맡았으며, 이로 인해 엄청난 명성을 누렸다. 하지만 제2차 세계대전 중 클럽하우스가 독일군의 폭격으로 피해를 입어 골프장이 폐쇄되었고, 전쟁이 끝난 후 1959년에야 다시 문을 열 수 있었다.

콜트와 앨리슨이 디자인한 코스들은 보통 파5 홀로 시작하는 전통을 갖고 있다. 네덜란드의 로열 헤이그, UGC 드 판도 이 전통을 따르고 있으며, 라 메르도 마찬가지다. 18홀 코스의 도입부에 나를 사로잡은 건 2번 홀이었다. 챔피언십 티잉 그라운드로부터 무려 227야드에 달하는, 만만치 않은 파3 홀이다.

해안의 모래언덕이 좌우에서 보호하고 있는 그린은 후방이 트여 있어, 거리와 방향 모두가 정확하지 않으면 티 샷이 높은 모래언덕에 빠지거나 그린을 훌쩍 넘어 굴러가 버리기 십상이었다. 라운드 후, 리조트의 골프 디렉터인 샤를 드브뤼뉴 씨로부터 2번 홀에 대한 흥미로운 이야기를 들을 수 있었다. 전쟁 전에는 이 홀이 17번 홀이었고, 당시 프렌치 오픈 대회가 개최될 때면 여기서 극적인 반전이 자주 벌어졌다고 한다. 제2차 세계대전 이후 대대적인 복구가 이루어졌고, 1997년에는 해럴드 J. 베이커(Harold J. Baker)가 코스를 일부 수정한 것으로 알려져 있다.

프랑스 해안에 위치한 자연 그대로의 링크스를 경험하며, 기분 좋은 산책과도 같은 골프를 한창 즐기던 중이었

↑ 만만치 않은 도전, 파3 2번 홀
↓ 높은 티잉 그라운드에서 내려다본 3번 홀

다. 15번 홀 근처에서 한 남자가 수풀을 뒤지는 것이 보였다. 아마도 인근에 사는 주민인 듯했다. 궁금한 마음에 다가가 인사를 건네니, 그는 먼 곳에서 온 이방인을 호기심 어린 미소로 반겨주었다. 손짓 발짓 해가며 대화를 시도하던 도중에 그가 손에 들고 있던 독특한 모양의 도구를 내게 보여줬다. 언어의 장벽으로 완전히 이해하진 못했지만,

자신이 고안해낸 미니 삼지창처럼 생긴 장비를 사용해, 골퍼들이 찾기를 포기한 골프공을 가시덤불 속에서 꺼내어 부수입을 올리는 모양이었다. 짧은 대화를 마치고 우리는 함께 셀카를 찍고 작별 인사를 나눴다.

그런데 이제 다시 가시덤불 속으로 사라지겠거니 했던 남자가 어쩐 일인지 나를 계속 쫓아왔다. 처음엔 영문을 몰랐지만, 이내 그 이유를 알아챘다. 내 티샷이 가시덤불을 향하는 순간을 노리고 있었던 것이다. 다행인지 불행인지 나는 정확한 티샷으로 그를 실망시켰고, 결국 그는 골프공 사냥을 계속하기 위해 자리를 떴다.

마지막 홀을 마무리하며, 이 코스가 프랑스 최고의 링크스 코스로 꼽히는 이유에 대해 생각해봤다. 문득 라운드에 앞서 클럽하우스에 도착했을 때의 일이 떠올랐다. 나는 카운터의 직원에게 간단한 아침 식사를 할 수 있겠냐고 물었다. 그녀는 레스토랑이 아직 오픈 전이라며, 원한다면 커피와 샌드위치를 코스로 직접 가져다주겠다고 답했다.

이른 아침 혼자 플레이하고 있는 내게 가져다준 잠봉뵈르와 에스프레소는 군더더기 하나 없이 완벽했다. 완벽함은 재료와 디테일에서 나온다. 평범한 샌드위치도 원산지의 맛있는 프렌치 바게트 하나면 특별해질 수 있다.

라 메르의 매력도 그런 디테일과 재료의 특성에서 나

↑ 이름 모를 골프공 사냥꾼
↓ 15번 홀에서 골프공 사냥꾼과 함께 찍은 셀카

온다는 생각이 들었다. 탁 트인 프렌치 해변의 자연경관과 영국 정통 링크스의 토양을 닮은 굽이치는 모래언덕은 100년 전 영국 최고의 설계자들에게 최상의 재료를 선사했다. 진정한 링크스의 정신을 프랑스식으로 재해석할 수 있는 기회가 주어졌던 것이다. '단순할수록 좋다(Simpler is better)'라는 명언이 가장 잘 어울리는 곳이 바로 이곳 르 투케의 라 메르, '바다' 코스가 아닐까 한다.

Day 7

아르들로 골프클럽
- 레 팽 코스
우아한 풍경 속에 숨겨진 18개의 퍼즐

위치: 프랑스 오드프랑스, 뇌샤텔 아르들로
설계자: 톰 심프슨
설립 연도: 1931년

네덜란드에서 출발해 프랑스로 이어진 골프 여정에서 나는 100년 전 활동했던 전설적인 설계자들의 작품을 직접 경험하고 공부하는 값진 기회를 얻었다. 로열 헤이그, 드 판, 라 메르를 설계한 해리 콜트는 20세기 초 가장 영향력 있는 설계자 중 한 명으로, 특히 찰스 휴 앨리슨과의 파트너십은 영국을 넘어 일본 등의 극동 아시아 지역에도 큰 영향을 끼쳤다.

하지만 이번 여행에서 해리 콜트보다도 더 흥미가 일었던 인물은 톰 심프슨이다. 탁월한 코스 설계로 영국과 유럽에서 이름을 떨친 그의 본업은 변호사였다. 그에게 있어

↑ 아르들로 골프클럽의 화려한 벙커링, 7번 홀
↓ 7번 홀 티잉 그라운드를 내려다본 전경

골프장 설계는 생계를 위한 수단이 아닌 행복을 추구하는 도구였던 셈이다. 그가 고향인 영국보다 프랑스에 더 많은 작품을 남긴 이유는 무엇일까?

그는 예술 철학이 확고한 사람이었다. 당시 보수적인 영국 클럽이 숱한 의견을 제시하고 간섭을 해왔지만 그는 쉽게 굴복하지 않았다. 그가 클라이언트와의 미팅에 은색 롤스로이스를 타고 등장한 에피소드는 유명하다. 원하지 않는 프로젝트는 결코 수락하지 않던 그에게, 프랑스는 자신의 화려한 스타일을 제대로 펼칠 수 있는 완벽한 무대였을 것이다. 모르퐁텐(Golf de Morfontaine), 퐁텐블로, 샹티이 같은 걸작들이 모두 그의 손을 거쳐 프랑스의 아름다운 자연 속에서 탄생했다.

퐁텐블로와 이곳 레 팽을 걸으며 나는 심프슨 특유의 우아하지만 예측하기 힘든 설계 방식에 감탄했다. 그린과 그린사이드 벙커는 주변 지형과 자연스럽게 연결되어 멋진 하모니를 이루었고, 벙커의 형태는 오가닉하면서도 화려했다. 한때 파트너로 일했던 콜트와 앨리슨의 정형화된 스타일과는 분명히 차별화된 감각이 드러났다.

세계적인 코스 전문가들에게도 널리 알려지지 않은 레 팽은 숨겨진 보석 같은 코스였다. 18개 홀 모두 개성이 뚜렷했지만, 그중 단연 돋보인 것은 15번 홀이었다.

중앙에 소나무 군락이 전략적으로 배치되어 페어웨이를 좌우로 분할하는 15번 홀은 첫눈에 나를 사로잡았다. 평소엔 페어웨이 중앙에 나무를 배치하는 설계법을 좋아하지 않았지만, 이 홀만큼은 예외였다. 플레이어가 자신의 비거리와 기량에 따라 확실한 선택을 해야 하는, 독특한

↑ 레 팽 최고의 파4, 15번 홀
↓ 15번 홀 그린에서 바라본 페어웨이 전경

형태의 전략형 홀이었다.

 페어웨이 왼쪽 루트로 약 200야드 정도의 티샷을 보내면 그린 중앙까지 120야드 이하의 어프로치가 남는다. 반면 페어웨이 중앙의 나무 군락을 피해 좁은 오른쪽 루트를 택하려면 250야드 이상의 정교한 티샷이 필요하다. 그린 전방에 위치한 벙커 앞에 티샷이 멈출 경우, 그린 중앙까지 50야드의 어프로치 거리가 남는다. 장타자는 높은 탄도로 나무를 훌쩍 넘겨 300야드 이상을 보내면 한 번에 그린 위에 올릴 수도 있으나, 앞서 나열한 장애물들을 모두 통과해야 한다.

그다음으로 눈여겨본 것은 9번 홀이었다. 챔피언십 티 기준 401야드 길이의 파4 홀이며, 특색 있는 더블 도그렉 구조였다. 좌 도그렉 페어웨이에 티샷을 안착시키기 위해서는, 좌측 코너에 위치한 높은 마운드에 박혀 있는 벙커를 넘겨야 한다.

벙커를 품고 있는 마운드 상단에는 타겟 나무기둥이 꽂혀 있다. 챔피언십 티에서 할 수 있는 가장 이상적인 티샷은, 타겟 기둥 너머로 정교한 드로우 구질의 드라이버 샷을 구사하는 것이다. 하지만 이때 너무 왼쪽으로 치우치면 숲이나 러프로 빠지게 된다. 나는 정확히 타겟 기둥 위로 티샷을 날렸지만, 일직선으로 날아간 공은 페어웨이 너머 러프로 굴러 들어갔다. 페어웨이 랜딩 존에서 그린까지는 다시 오른쪽으로 휘는 더블 도그렉 형태이기 때문에 내 공이 떨어진 러프에서는 그린이 보이지 않았다. '두 번의 블라인드 샷은 없다'라는 토미 아머(Tommy Armour)의 명언처럼, 다시 한번 이 홀을 플레이하게 되면 그때는 설계자

타겟 기둥을 넘기는 드로우 샷이 필요한 9번 홀

의 숨은 함정에 빠지지 않으리라.

라운드가 끝난 후 골프백을 확인해보니, 지난 봄 호주 로열 멜버른에서 산 헤드커버 하나가 보이지 않았다. 마지막 세 개 홀을 플레이하던 도중 어딘가에 떨어트린 것이 분명했다. 코스에는 어느덧 석양이 만든 나무 그림자가 길게 드리워져 있었다. 인적이 드문 페어웨이를 거슬러 걸으며 내가 지나온 길을 훑어보았다. 하지만 천사 날개 위에 왕관을 얹은 로고가 박힌 헤드커버는 눈에 띄지 않았.

'C'est la vie(그게 인생이지).'

모든 일엔 때가 있고, 모든 물건엔 유통기한이 있기 마련이다. 100년의 시간을 지켜온 톰 심프슨의 설계를 체험했던 오늘의 강렬한 기억도 시간이 지나면 흐려질 것이다.

다만, '개성이 뚜렷한 예술가'와 함께 시간을 보낸 듯한 첫인상은 오래도록 기억에 남을 듯하다. 말솜씨가 뛰어나고 멋진 취향을 가진 사람. 끊임없이 질문하고 쉽게 자신의 의견을 굽히지 않는, 토론하길 좋아하는 예술가. 톰 심프슨이 바로 그런 사람 아니었을까?

Day 8

생제르맹 골프클럽
해리 콜트를 만나러 가는
시간 여행

위치: 프랑스 생제르맹앙레
설계자: 해리 콜트
설립 연도: 1920년

'지음(知音)'이라는 고사성어가 있다. '소리를 알아주는 벗'이라는 뜻으로, 내 마음과 생각을 누구보다 깊이 이해해주는 대체 불가능한 친구를 가리킨다. 이 단어는 중국 춘추시대의 음악가 백아(伯牙)와 그 친구 종자기(鍾子期)의 이야기에서 비롯되었다. 백아는 고금(古琴) 연주 실력이 뛰어나기로 이름 높았는데, 친구 종자기는 늘 곁에서 소리를 듣고 감상평을 말해주었다. 백아가 산을 그리며 연주하면 종자기는 "웅장한 산이 눈앞에 펼쳐지는 듯하군"이라고 했고, 강을 상상하며 연주하면 "그 소리를 들으니 마치 흐르는 강물 앞에 서 있는 것 같네"라고 답했다. 세월이 흘러 종자기가 세상을 떠난 뒤, 백아는 자신의 고금 줄을 끊어버리고 다시는 연주하지 않겠다고 다짐했다. 자신을 이해해줄 사람이 없으니 더는 연주할 이유가 없다고 생각한 것이다.

나는 세계 곳곳에서 많은 골프 애호가들을 만났다. 그중에는 단순히 골프를 즐기는 차원을 넘어, 골프의 역사와 코스 설계의 철학을 깊이 이해하는 이들도 있었다. 나는 그들을 골프계의 '지음'이라 부른다. 그들 중 한 명을 프랑스의 생제르맹 골프클럽(Golf de St. Germain)에서 만났다.

클럽하우스에 도착하자 태극기가 펄럭이고 있었다. 멀리 한국에서 온 나를 위한 세심한 배려에 미소가 지어졌다. 이렇게 마음을 써준 이들은, 클럽의 총지배인 프랑수아 바르데(François Bardet) 씨와 운영위원회 회원인 마르탱 르메리(Martin Lémery) 씨였다.

생제르맹 골프클럽은 프랑스에서 가장 유서 깊은 클럽 중 하나로, 무려 아홉 번이나 프렌치 오픈을 개최한 명문

생제르맹 골프클럽에 휘날리는 태극기

전설적인 세계 챔피언들의 발자취를 따라 시작한 1번 홀

구장이다. 스타터 오두막 벽면에는 이 대회에 출전했던 전설적인 프로 선수들의 이름과 기록이 적힌 보드가 걸려 있었다. 1936년 헨리 코튼(65타), 1958년 피터 톰슨(64타), 1985년 샌디 라일(63타), 그리고 같은 해 세베 발레스트로스(62타)까지, 코스 레코드를 세운 역사의 흔적이 느껴졌다.

이날 나는 생제르맹의 두 코스 중 하나인 그랑 파르코르(Grand Parcours)에서 라운드했다. 콜트 특유의 폴스 프론트(False Front: 그린 전방에 가파른 경사면을 만들어 난이도를 높인 설계 방식으로, 어프로치 샷이 조금이라도 짧을 경우 페어웨이로 공이 굴러 내려올 수 있다)와 그린 주변의 움푹한 지형, 거리 착시 효과 등 그의 설계 기법이 고스란히 살아 있었다. 벙커는 심플한 형태였고, 주변 지형은 급격한 기복과 마운드가 특징이었다. 이는 심프슨의 퐁텐블로나 레 팽에서 경험했던 오가닉한 스타일과는 전혀 다른 방식이었다.

마르탱과 나는 단순히 골프를 함께 치는 수준을 넘어, 코스 디자인과 역사에 관한 대화를 나눴다. 그는 골프에 대한 깊은 애정과 철학을 지닌 사람이었다. 마르탱과 같은 회원들의 열정 덕에 생제르맹은 수년간 콜트의 원형을 되살리기 위한 복원 작업을 지속할 수 있었다. 여기엔 100년간 불필요하게 울창해진 수목을 제거하고, 벙커 및 그린을 재정비하는 작업도 포함되었다.

나는 혹시 그 과정에 전문 코스 설계가가 참여했는지 물었고, 마르탱은 영국 출신의 스튜어트 할렛(Stuart Hallett)의 이름을 언급했다. 이 사람은 코스관리사 출신으로, 에든버러 대학에서 골프코스 설계 디플로마 과정을 마쳤고, 생클루(St. Cloud)와 그랑빌(Granville) 등 100년 전 프랑스에 지어진 해리 콜트의 코스를 복원한 인물이기도 하다.

생제르맹의 복원 과정에 대해 더 알고 싶어 귀국 후 자료를 찾다 보니, 미국 잡지 〈골프코스 아키텍처(Golf Course Architecture)〉에 실린 2006년 7월자 기사가 눈에 띄었다. 기사를 쓴 리처드 왁스는 이렇게 말한다.

"복원과 리노베이션의 차이는 코스 설계에서 늘 논쟁거리다. 원형 그대로를 되살리는 것이 복원인가, 아니면 설계자의 본래 의도를 구현하는 것이 복원인가? 후자라면 현재는 골퍼들의 비거리와 기량이 향상되었기 때문에, 설

↑ 3번 홀, 홀로 라운드를 즐기는 회원을 따라가다.
↓ 7번 홀: 177야드, 파3

계자의 전략적 컨셉을 복원하기 위해서는 부득이 코스 전장을 늘려야 한다."

그의 논리는 '형태는 기능을 따른다(Form follows Function)'는 19세기 건축가 루이스 설리번(Louis H. Sullivan)의 철학을 떠올리게 한다. 단순히 형태를 복원하는 것만이 능사가 아니라, 그 시대에 맞는 기능성을 되살려야 한다는

↑ 2번 홀: 파5, 494야드
↓ 18번 홀의 그린 콤플렉스

것이다. 생제르맹 골프클럽은 수년간 회원들과 코스관리 팀의 노력으로 형태와 기능을 함께 복원하는 모범적인 사례를 만들어가고 있다.

라운드 후 우리는 클럽하우스 레스토랑을 찾았다. 나는 퐁텐블로에서 먹어본 스테이크 프리트를 주문했다. 이는 프랑스에서 내가 가장 좋아하게 된 메뉴다. 누군가 프랑스 골프장에서 꼭 시도해봐야 하는 메뉴가 뭐냐고 묻는다면 나는 주저 없이 스테이크 프리트를 추천한다. 프랑스인들은 스테이크를 제대로 굽는 법을 아는 것 같다. 적당한 굵기의 바삭한 감자 튀김도 빼놓을 수 없는 것은 물론이다.

기분 좋게 대화하며 식사를 하고 있는데, 동양인 여성 한 명이 다가와 마르탱에게 프랑스어로 말을 걸었다. 내가 "봉쥬르"라고 인사하자 한국어로 "안녕하세요"라고 답한다. 한국인인 그녀는 클럽 게양대에 걸린 태극기를 보고 누가 왔는지 궁금해 우리를 찾아온 것이었다. 예전에 그녀가 이곳 클럽에서 스코틀랜드인 회원과 결혼식을 올렸을 때도, 클럽 측에서 태극기를 게양해주었다고 한다.

이렇게 멋진 클럽에서 마르탱과 같은 '지음'을 만나고, 동포의 친절한 환영까지 받게 되니 하루가 작은 행복들로 채워진 느낌이었다. 마르탱은 내 스코어 카드에 꼭 다시 만나자는 메모를 남겼다. 처음 만났지만 서로를 알아보고, 생각을 기꺼이 나눌 수 있는 친구가 되는 경험은 여행을 풍성하게 만든다. 골프라는 연결고리가 가져다준 이날의 따뜻한 인연을 오래도록 간직해나갈 것이다.

생제르맹 골프클럽의 역사

물랑 루즈에 가보셨나요?

레 보르드의 뉴 코스에서 플레이했던 날, 잭이 내게 파리에서의 마지막 날 저녁 일정이 어떻게 되냐고 물었다. 다음 날 더블린으로 떠날 예정이었기에 별다른 계획이 없다고 하자 그는 "물랑 루즈 가본 적 있어?" 하고 물었다. 니콜 키드먼이 나온 영화로 본 적은 있어도 실제로 가본 적은 없다고 답하니, 잭은 '무조건 가봐야 한다'고 했다. 적어도 평생 한 번은 꼭 직접 봐야 한다는 것이다.

사실 나는 골프 여행 중에 늦은 밤까지 거리를 배회하며 노는 일은 되도록 하지 않으려 한다. 기껏해야 저녁 식사에 와인 한두 잔을 곁들이는 게 전부다. 게다가 이번 여행은 40일간 이어지는 만만치 않은 일정이니만큼, 다른 때보다도 더 엄격하게 관리할 필요가 있었다. 하지만 잭의 제안에는 나도 마음이 흔들렸다. 자신에게 모든 걸 맡겨달라는 확신에 찬 어조에 결국 설득되고 말았다. '대체 물랑 루즈가 뭐길래…'. 싶은 생각도 들어, 잭의 호의를 흔쾌히 받아들이기로 했다.

물랑 루즈에 대해 아는 건 그리 많지 않았다. 유명한 캉캉 춤, 니콜 키드먼, 툴루즈 로트레크의 포스터 그림, 몽마르트르 언덕 근처에 있는 상징적인 빨간 풍차 정도. 그 공연이 네 시간 넘게 이어진다는 것, 만 6세 이상 어린이도 부모와 함께 입장할 수 있다는 것, 1889년부터 이어진 깊은 역사를 가졌다는 것은 처음 알게 된 사실이었다. 130년 넘게 물랑 루즈는 파리의 밤 문화를 이끄는 상징이었고, 전 세계 엔터테인먼트에 지대한 영향을 준 장소였다.

다음 날, 잭에게서 문자 메시지가 왔다.

"준, 내일 저녁 7시에 물랑 루즈 예약해뒀어. 물랑 루즈의 풍차 앞에서 도어맨을 찾아. '올리비에 빌라롱 씨의 손님'이라고 말하면 알아서 해줄 거야. 그냥 즐기면 돼. 조만간 꼭 다시 보자. 어땠는지도 알려줘!"

나는 샤를 드골 공항 근처 호텔에서 차를 몰고 파리 시내를 관통해 몽마르트르 인근으로 향했다. 멀리서도 금방 알아볼 수 있는 빨간 풍차가 나타났고, 잭이 시킨 대로 입구에서 마주친 도어맨에게 '올리비에 빌라롱 씨의 손님'이라 하니, 호들갑을 떨며 나를 건물 안으로 안내했다. 올리비에 빌라롱 씨가 물랑 루즈의 소유주이자, 르 보르드 리조트의 회원이라는 사실은 나중에야 알게 되었다.

그날 저녁의 만찬과 공연은 내 상상을 뛰어넘었다. 맛있는 음식과 샴페인, 근육질의 남자 무용수들이 벌이는 아크로바틱, 그리고 수많은 무희들이 휘황찬란한 토플리스 의상을 입고 다양한 스토리 라인에 맞춰 무대를 종횡무진 뛰어다니는 광경은 잭이 설명한 것처럼 '살면서 한 번쯤은 봐야 하는' 특별한 광경이었다

1944년 에디트 피아프와 이브 몽탕이 이곳에서 공연했고, 1984년에는 프랭크 시나트라가 갈라쇼를, 1994년에는 엘튼 존이 프라이빗 콘서트를 열었다는 사실을 떠올리며, 나는 예정에 없던 밤을 만끽했다.

'Merci Beaucoup monsieur Olivier Villalon and thank you Jack for a wonderful evening(올리비에 빌라롱 씨와 잭, 멋진 밤을 선물해줘서 고마워요).'

Day 9
파리에서 더블린까지

파리 샤를 드골 공항

부시밀스 인으로 향하는 길

부시밀스 타운의 저녁 풍경

Day 10

포트스튜어트 골프클럽, 스트랜드 코스

거친 자연 풍광을 품은 아일랜드의 링크스

위치: 북아일랜드 포트스튜어트
설계자: 윌리 파크 주니어 / 데스 기핀
설립 연도: 1894년

2005년 가을, 에든버러에서 석사과정을 마친 후, 한 달 동안 영국 구석구석을 돌아다녔다. 서울로 돌아오기 전 유서 깊은 정통 링크스 코스를 둘러보고 싶었기 때문이다. 평생 이런 기회는 다시 오지 않을 거라 생각해서, 컨디션은 최악이었지만 강행군을 단행했다. 파란색 복스홀 렌터카를 몰고 로드 트립을 떠났는데, 잉글랜드의 명문 코스들을 방문한 후 스코틀랜드와 북아일랜드 사이를 오가는 페리에 차를 싣고 북해협을 건너 벨파스트에 도착했다.

긴 여정에 함께한 동반자는 음악이었다. U2, 에냐, 시네이드 오코너 같은 아일랜드 아티스트의 음악은 홀로 떠난

2005년, 렌터카를 싣고 건넜던 아일랜드 바다

여행에 큰 위안이 되었다. 아일랜드의 풍경은 묘하게도 그들의 음악적 감성과 닮아 있었다. 척박한 자연을 극복한 의지, 자유를 향한 끊임없는 투쟁으로 담금질된 정신이 장르를 불문하고 고유한 음색으로 가슴을 울렸다.

그로부터 18년 만에 아일랜드로 돌아왔다. 더블린 공항에서 인천으로부터 날아오고 있는 일행을 기다리며 아이팟을 귀에 꽂았다. 지금은 스트리밍 서비스를 통해서 블루투스 디바이스로 음악을 듣지만, 18년 전에는 CD플레이어가 전부였다. 그 시절을 추억하며 시네이드 오코너의 곡을 다시 찾아보았다. 대학 시절 시애틀에서 처음 산 팝 앨범 중 하나가 'I Do Not Want What I Haven't Got'이었고, 그중에서도 〈Nothing Compares to You〉는 나의 애청곡이었다.

  노래를 들으며 그녀의 근황을 인터넷으로 살피던 중 얼마 전 그녀가 세상을 떠났다는 슬픈 소식을 읽게 되었다. 그 순간 갑자기 내 기억은 2001년 뉴욕으로 거슬러 올라갔다. 건축 대학원을 갓 졸업하고 맨해튼 이스트리버 파크 근처의 설계사무소에서 첫 직장 생활을 시작했던 시절이었다. 신참인 나는 전임자들이 저질러놓은 실수로 소송까지 걸린 프로젝트를 해결해야 하는 팀에 투입되었다. 몇 달 동안 철야 작업을 밥 먹듯이 하며 최선을 다해 노력했지만, 막상 모든 책임을 져야 할 프로젝트 매니저들이 예고도 없이 퇴사한 이후 나는 팀에서 가장 먼저 해고되었다. 내 인생에서 최초로 바닥을 찍은, 시련의 시기였다.

  몇 주 후 작은 아뜰리에 설계사무소에 나가기 시작했고, 미국에서 건축사 자격증을 따기 위해 취업비자를 신청했다. 하지만 얼마 되지 않아 꿈에도 예상치 못한 재앙이 일어났다.

  2001년 9월 11일 아침, 나는 뉴저지의 집을 나섰다. 직장이 있는 맨해튼까지 패스(PATH) 열차를 타고 갈 참이었다. 엘리베이터 안에서 나이 지긋한 백인 할머니가 '트윈타워에 비행기가 부딪혔다'는 뉴스를 전해주었을 때만 해도, 작은 경비행기 사고 정도라고 짐작했다. 하지만 연기에 휩싸인 월드 트레이드 센터의 모습을 목격하고는 경악할 수밖에 없었다. 수많은 비극을 낳은 9·11 테러 사건은, 미국에서의 내 미래에도 큰 영향을 미쳤다.

외국인의 입국이 극도로 제한되었고 비자 프로세스도 엄격해진 와중에 내가 신청했던 취업비자는 한없이 지연되었다. 자칫 그대로 회사를 그만두고 귀국해야 할 수도 있는 상황이었다. 하루 건너 한 번씩 이민국에 전화하며 불안한 시간을 보냈다.

어디 하나 기댈 곳 없는 마음을 다스리기 위해, 어느날 아버지가 물려준 골프채를 들고 뉴저지 팔리세이즈 파크 근처의 퍼블릭 코스로 향했다. 그것이 골프와의 인연이 시작된 순간이었고, 인생 최악의 위기에서 나를 구해준 뜻밖의 탈출구였다.

그로부터 18년 후 40일간의 여정 중 열 번째 날, 나는 북아일랜드 포트스튜어트 골프클럽(Portstewart Golf Club), 스트랜드(Strand) 코스의 첫 티잉 그라운드에 섰다. 1894

1번 홀 거대한 '티스틀리 할로우' 모래언덕

↑ 2번 홀, 절대 왼쪽으로 치지 말 것
↓ 2번 홀 그린에서의 전경

년에 창립된 포트스튜어트 골프클럽은 1920년 윌리 파크 주니어(Willie Park Jr.)가 스트랜드 코스를 설계했으며, 1986년에는 아일랜드에서 두 번째로 큰 모래언덕인 '티스틀리 할로우(Thistly Hollow)' 근처에 일곱 개의 새로운 홀이 추가되었다.

거대한 티스틀리 할로우를 배경으로 펼쳐진 링크스는 실제로 접하니 전율이 일 정도였다. 거친 자연의 풍광을 마주하며, 여기가 바로 내가 그토록 찾던 진정한 아일랜드 링크스임을 느낄 수 있었다.

북아일랜드의 링크스 골프는 인정사정을 봐주지 않았다. 두 번째 홀에서 절벽처럼 가파른 경사면을 가득 채운 무릎 높이의 페스큐 러프에 공이 빠졌을 때는 눈앞이 캄캄

해졌다. 첫 홀에서의 완벽한 드라이브로 느꼈던 희열은 순식간에 사라졌다. 하지만 다행히도 이날 캐디 역할을 해준 클럽의 회원이자 아마추어 챔피언인 앨런이, 코스와 맞서지 않고 자연의 흐름을 따르는 법을 조언해주었다.

거대한 모래언덕 속에서 펼쳐진 전반 9홀은 짜릿하고도 위협적이었다. 아일랜드 서남단에 위치한 밸리버니언 골프클럽의 후반 9홀을 떠올리게 했지만, 이곳 포트스튜어트 언덕의 크기가 몇 배나 더 컸다. 러프에 빠진 공을 찾지 못해 골프공의 숫자가 점점 줄어갔다. 걱정이 되어 앨런에게 얘기하자 이런 답이 돌아온다.

"준, 걱정하지 마. 필드에서는 잃어버리는 공보다 발견하는 공이 더 많아."

↑ 14번 홀: 파5, 522야드
↓ 14번 홀 그린 콤플렉스

러프에서 골프공을 얼마든 찾아낼 수 있으니 걱정하지 말라는 그 이야기가, 어떤 철학자의 명언보다 큰 울림을 주었다. 그 말은 내게 이렇게 들렸다.

'골프든 인생이든 욕심, 집착, 쓸데없는 걱정을 버리고 희망을 잃지 않으면, 결국 잃는 것보다 더 많은 걸 얻게 된다.'

앨런의 말대로, 그날 나는 많은 공을 잃어버렸지만 그보다 더 많은 공을 발견했고 무사히 라운드를 마칠 수 있었다.

2001년 희망의 불씨가 꺼져버린 듯 암울했던 시간도 돌아보면 나를 강하게 만든 경험 중 하나였다. 경험에서 길러진 긍정의 마인드는 위기의 순간마다 강력한 힘을 발휘해왔다. 그날 처음 만난 앨런은 내게 최고의 캐디이자 마음을 편하게 해준 심리상담사였다.

'고마워요, 앨런. 꼭 다시 만나길 바랍니다.'

Day 11

로열 포트러시 골프클럽 - 던루스 링크스

모든 골퍼를 겸손하게 만드는 디 오픈 격전지

위치: 영국 포트러시
건축가: 해리 콜트
설립 연도: 1929년
2023 〈GOLF 매거진〉 세계 100대 코스 순위: 16위

한국, 일본, 중국 사이에는 수천 년간 이어져 온 격동의 역사가 있다. 가깝지만 먼 나라. 서로에게 칼끝과 총부리를 겨눴던 시간들이 지우기 힘든 상처로 남았지만, 사람과 사람의 관계에서는 국경을 초월하는 우정과 사랑도 존재한다.

내게도 중국과 일본에 친구들이 여럿 있는데, 개방적인 사고와 따뜻한 마음을 가진 사람들이다. 개인적 인연을 넘어 나는 중국과 일본의 문학에 깊은 애정을 갖고 있다. 두 나라의 문학은 각 시대와 공간의 정수를 포착하는 동시에,

동아시아 전체를 아우르는 공감의 정서를 담고 있다.

나는 특히 나쓰메 소세키, 가와바타 야스나리, 오에 겐자부로, 이노우에 야스시 같은 일본 작가들을 좋아한다. 그중에서도 가장 즐겨 읽었던 작품은 무라카미 하루키다. 동시대를 살아가는 사람으로서, 하루키의 소설과 에세이는 예술과 삶을 바라보는 나의 시각에도 많은 영향을 주었다.

40일간의 골프 여행에도 하루키의 에세이를 한 권 챙겼다. 하루키가 아내 요코와 함께 쓴 책《만약 우리의 언어가 위스키라고 한다면》은, 스코틀랜드와 아일랜드의 싱글몰트 위스키 증류소를 탐방한 기록을 담고 있다.

서문에서 하루키는 위스키와 인생에 대한 자신의 생각을 담백하게 풀어냈는데, 그만의 감성에서 깊은 울림이 전해진다. 싱글몰트 한 모금을 마셨을 때 느껴지는 마법 같은 순간을 기억하는 사람이라면, 그가 무엇을 말하는지 알 수 있을 것이다.

이 책에서 하루키는 "만약 우리의 언어가 위스키라면, 인생은 훨씬 단순해질" 것이라고 이야기한다. 그저 건네는 잔을 조용히 받아 음미하는 것만으로도 충분하리라는 것이다. 하지만 우리의 언어는 그렇지 못해서 언어의 틀에 우리를 가두고, 그것으로 세상을 정의하며 해석할 수밖에 없다. 그래도 예외의 순간은 존재한다. 하루키는 진정한 기쁨의 순간에 우리의 언어는 위스키로 바뀐다며 이렇게 덧붙인다.

"적어도 나는-언어가 진정 위스키가 되는 세상을 꿈꿔."

싱글몰트 애호가들이 꼭 한 번쯤 찾고 싶어하는 명소 중 하나는 북아일랜드의 부시밀스일 것이다. 13세기부터 시작된 북아일랜드의 위스키 양조 역사는 1784년 설립된 양조장 올드 부시밀스 증류소(Old Bushmills Distillery)로 이어져 내려왔다. 이곳은 현존하는 가장 오래된 양조장이기도 하다.

이 지역의 매력은 비단 훌륭한 위스키에 그치지 않는다. 자이언트 코즈웨이(Giant Causeway) 같은 자연유산과 아일랜드식 링크스 코스도 이곳의 빼놓을 수 없는 매력 요소

로열 포트러시 골프클럽의 역사적 유물

다. 올드 부시밀스와 포트스튜어트 사이에 위치한 로열 포트러시 골프클럽(Royal Portrush Golf Club)이 대표적인데, 북아일랜드에서 유일하게 디 오픈을 개최한 유서 깊은 코스이다.

내가 로열 포트러시를 처음 방문한 것은 2005년이었다. 당시 나는 에든버러 대학에서 코스 설계를 공부하고 있었고, 덕분에 영국 코스관리 전문가협회(BIGGA: British and International Golf Greenkeepers Association)의 학생 회원 자격을 얻었다. 회원에게는 대부분의 영국 골프코스에 사전 연락만 하면 라운드할 수 있는 혜택이 주어졌다.

클럽에 도착하자, 프로숍 직원이 내게 어디서 왔냐고 물었다. 나는 한국인이고, 에든버러에서 공부를 마친 뒤 곧 귀국할 예정이라 답했다. 그러자 그는 그해 봄, 로열 포트러시 출신 골퍼 두 명이 한국에서 열린 월드 클럽 챔피언십(WCC: World Club Championship)에서 우승했다는 자랑을 늘어놓았다. 당시엔 WCC에 대해 잘 알지 못했지만, 나중에 이 대회가 한국의 대기업이 후원한 이벤트이며 제주도의 클럽 나인브릿지에서 개최된다는 것을 알게 되었다.

학생 신분으로 던루스 링크스(Dunluce Links)의 페어웨이를 혼자 걸었던 그날이 떠올랐다. 눈을 크게 뜨고서 하나라도 더 담아가려 했던 그날로부터 18년의 세월이 흘렀다. 그 시간 동안 북아일랜드 최고의 링크스는 어떻게 변했을까?

나와 함께 라운드를 하기로 약속한 프랭크 케이시 주니어는 이 지역에서 나고 자란 사람이었다. 그는 〈GOLF 매거진〉 패널로 함께 활동하는 동료였는데, 아일랜드 북부 도네갈 주의 로사펜나 호텔&골프 리조트를 운영하는 케이시 패밀리의 장남이기도 하다.

그는 새벽같이 로사펜나 리조트에서 친구와 함께 출발하여 두 시간 만에 클럽에 도착했다. 주차장에서 인사를 나눈 우리는 지체 없이 1번 홀 티잉 그라운드로 향했다. 북대서양에서 불어오는 매서운 바람을 온몸으로 느끼며 라운드를 시작했다.

두 사람 모두 뛰어난 골퍼였지만, 특히 프랭크의 실력이 단연 돋보였다. 북아일랜드와 아일랜드를 통합한 아마추어 챔피언 출신답게, 그는 골프백을 짊어지고 거침없이 플레이를 이어갔다. 나는 그의 속도에 보조를 맞추며, 동시에 코스 사진까지 찍느라 정신을 바짝 차려야 했다.

던루스 링크스는 거칠게 자란 러프, 까다로운 그린, 바람의 방향과 속도를 모두 고려해야 하는 고난도 코스였다. 2019년 디 오픈 개최를 앞두고 새롭게 추가된 오르막 파 5, 7번 홀(607야드)과 파4 8번 홀(434야드)은 프랭크도 혀를

↑ '자이언츠 그레이브', 2번 홀: 파5, 536야드

내두를 정도로 까다로운 도전이었다.

  이곳을 처음 방문했던 2005년 이후 나도 골프 실력이 꽤 늘었지만, 로열 포트러시에서는 속수무책이었다. 바람에 휘날리던 예전의 황금빛 페스큐 러프는 온데간데없이 사라지고, 대신 코스 난이도를 높이기 위해 러프가 빽빽하게 조성되어 있었다. 페어웨이를 조금이라도 벗어난 공은

던루스 링크스의 신규 홀: '큐란 포인트', 파5, 552야드

도무지 찾을 수가 없었다. 잉글랜드, 스코틀랜드의 디 오픈 개최지와 경쟁하듯 코스를 더 어렵게 만드는 이런 노력이 과연 링크스의 정신을 계승하는 것인지는 의문이었다.

〈GOLF 매거진〉이 선정한 역대 세계 100대 코스 중, 나는 세인트 앤드루스 올드 코스(St. Andrews Old Course)와 클럽 나인브릿지에서만 열 번 이상 라운드를 해보았다. 그 외에도 세 번 이상 플레이한 코스가 아홉 곳, 두 번 이상 플레이한 곳은 열 곳이 넘는다.

세계적인 수준의 골프코스를 이해하고 평가하기 위해서는, 한 번의 경험으론 부족하다. 사람을 딱 한 번 보고 나서 모든 것을 파악했다고 단정하는 것처럼, 오만에 가까운 일일 것이다. 좋은 코스일수록 여러 번 플레이하고 분석해야만 진가를 알 수 있다. 던루스 링크스를 겪어보고서 이런 생각은 더욱 확고해졌다.

4번 '프레드 데일리(Fred Daly)', 5번 '화이트 록스(White Rocks)', 16번 '칼라미티 코너(Calamity Corner)'와 같은 홀들을 플레이하기 위해서는 그 안에 숨어 있는 스무고개 같은 수수께끼를 풀어낼 실력과 인내심이 필요하다.

라운드를 마치고 나니 왠지 모를 아쉬움이 몰려왔다. 마치 세 배속으로 영화 한 편을 재생한 듯한 기분이었다. 기회만 있다면 두 번이고, 세 번이고 라운드를 하며 이곳에 숨겨

↑↑ '화이트 록', 5번 홀: 파4, 375야드
↑ 5번 홀 그린
↓ '칼라미티 코너', 16번 홀: 파3, 206야드

진 수수께끼를 천천히 풀어보고 싶다는 생각이 들었다.

프랭크와 그의 친구는 라운드를 마친 직후 숙소인 로사펜나 리조트로 돌아갔고, 나는 그들과 합류하기 전에 이런저런 잔일을 처리할 겸 다시 포트스튜어트로 향했다. 40일간 여행을 계획하며 속옷과 양말을 40개씩 챙길 수는 없었기에 열흘에 한 번은 세탁소에 들러야 했다. 그날은 마침 여행 11일째 되는 날이었다.

포트스튜어트에서 앨런에게 세탁소가 어디 있는지 물었더니, 그는 친구에게서 알아낸 주소를 메모지에 적어 건넸다. 구글링을 해도 인근에 세탁소는 검색되지 않았기 때문에, 앨런이 준 쪽지를 믿는 수밖에 없었다. 종이에 적힌 주소에 도착하자 주유소와 대형마트가 보였지만, 세탁소처럼 생긴 매장은 찾을 수 없었다. 답답한 마음에 마트 직원에게 물었더니, 방금 지나온 건물 모퉁이 쪽을 가리킨다.

반신반의하며 그곳에 가보니, 건물 지붕 밑에 '셀프 서비스 세탁소(SELF-SERVICE LAUNDERETTE)'라는 간판이 붙어 있고, 그 아래에 세탁기와 건조기, 카드 단말기가 나란히 눈에 들어왔다. 셀프 빨래방일 줄은 예상치 못했지만, 새로운 경험을 해보는 것도 나쁘지 않겠구나 싶었다.

신용카드로 결제한 뒤 옷과 세제를 세탁기에 넣고, 차로 돌아왔다. 로사펜나 리조트로 떠나기 전에, 빨래도 하면서

로사펜나로 가는 길

한숨 쉬어 갈 수 있는 좋은 기회가 아닌가. 건조 사이클이 끝날 때까지 느긋하게 운전석을 뒤로 젖혀놓고, 편안한 자세로 팔베개를 하고 누웠다. 잠시 후 달콤한 낮잠에서 깨어나자 세탁물은 뽀송하게 말라 있었다. 빨래를 가지런히 접어 뒷좌석에 싣고 로사펜나 호텔&골프 리조트로 향했다. 차 안에는 은은한 섬유유연제 향이 기분 좋게 퍼지고 있었다.

포트스튜어트에서 출발해 서쪽으로 두 시간을 달렸다. 런던데리를 지나 레터케니 북쪽을 돌아서 쉽헤이븐 베이로 향하는 동안, 로사펜나의 모습이 점점 더 궁금해졌다. 그곳의 풍경은 포트스튜어트나 포트러시와는 어떻게 다를까?

"작품의 본질은 돌 안에 이미 존재하며, 조각가는 불필요한 부분을 깎아내 숨어 있는 아름다움을 드러내면 된다."
_미켈란젤로

이탈리아의 미술사학자 모니카 지라르디는 저서 《미켈란젤로: 인간의 재료에 대한 도전》에서, 미켈란젤로는 재료의 형태를 관찰하며 예술적 영감을 얻었고, 다듬어지지 않은 대리석 안에서 숨겨진 형상을 떠올리며 창작을 준비했다고 설명한다.

미켈란젤로가 원재료를 까다롭게 고른 이유는, 돌의 질감과 형태가 최종 결과물의 완성도와 가치에 지대한 영향을 미친다고 확신했기 때문이다. 천재 조각가가 재료 속에 잠재된 형상을 끌어내듯이, 뛰어난 골프코스 설계자들도 같은 과정을 통해 명품 코스를 만든다.

이상적인 코스 설계란, 자연 속에 숨겨진 최적의 공간을 발견해내고, 티잉 그라운드와 그린을 배치하며, 지형의 흐름과 조화를 이루는 페어웨이를 구성하는 것이다. 19세기 후반부터 20세기 초반 사이, 영국의 전통적인 링크스 코스들이 바로 이런 미니멀한 접근 방식을 통해 탄생했다.

그래서 지금도 세계적인 코스 설계자들은 마치 미켈란젤로가 대리석을 고르듯, 부지를 선정하는 데 있어 집요할 만큼 집착을 보인다. 그러한 열정을 대표하는 인물로, 21세기 골프코스 설계의 신(新) 르네상스 시대를 이끈 미국의 설계자 톰 도크(Tom Doak)를 들 수 있다.

전 세계의 골프 평론가들과 골프 마니아들은 톰 도크가 설계한 로사펜나의 세인트 패트릭스 링크스(St. Patrick's Links)가 개장하는 날을 손꼽아 기다렸다. 로사펜나에는 이미 36홀 규모의 골프코스가 있었지만, 이곳의 오너인 프랭크 케이시는 톰 도크에게 최고의 링크스 코스를 만들 수 있는 땅을 맡겼다. 코비드19 팬데믹으로 도크 본인이 현장을 방문하지 못하게 되자, 그의 제자들이 현장에 남아 역사에 길이 남을 걸작을 만들고 있다는 소문이 소셜미디어를 통해 빠르게 퍼져나갔다.

퍼시픽 듄스(Pacific Dunes), 반부글 듄스(Barnbougle Dunes), 세인트 앤드루스 비치(St Andrews Beach), 케이프 키드내퍼스(Cape Kidnappers), 타라 이티(Tara Iti) 등, 지금까지 내가 플레이해본 도크의 코스들은 하나같이 인상 깊었다. 2023년 봄에는 뉴질랜드로 찾아가 테 아라이 노스 코스(Te Arai Link - North Course)의 건설 현장에 직접 다녀오기도 했다. 그만큼 기대가 컸기에, 여행 몇 달 전부터 로사펜나에 가는 날을 손꼽아 기다릴 수밖에 없었다. 좋아하는 감독의 신작 영화나, 오랜 팬인 밴드의 신규 앨범 발매를 기다리는 것과도 비슷한 기분이리라. 세인트 패트릭스 링크스가 나의 기대를 뛰어넘을 것인지 궁금증이 점점 커져갔다.

Day 12

세인트 패트릭스 링크스

광활한 대지의 캔버스 위에
그려낸 명품 코스

위치: 아일랜드 로사펜나
설계자: 톰 도크
설립 연도: 2021년
2023 〈GOLF 매거진〉 세계 100대 코스 순위: 49위

"우리는 남들과 다릅니다. 우리가 설계한 골프장도 다릅니다. 다른 설계자들의 코스와도, 우리가 만든 코스들끼리도 서로 다릅니다. 훌륭한 골프장의 공통점은, 모두 고유한 개성을 지니고 있다는 것입니다. 그래서 우리의 목표는, 각 코스가 저마다의 정체성을 지니도록 설계하는 것입니다. 누구나 알아볼 수 있는 설계자의 시그니처 스타일을 모든 프로젝트에 덧입히는 것은 비생산적일 뿐 아니라, 예술적 자유를 제한하는 어리석은 일일 것입니다."

톰 도크가 이끄는 디자인 회사, 르네상스 골프 디자인

(Renaissance Golf Design)의 홈페이지 첫 화면은 '우리는 왜 다른가(Why We Are Different)'라는 문장으로 시작한다. 매번 새로움을 추구하겠다는 이 무모한 선언에 감탄이 절로 나온다. 나를 유명하게 만든 스타일, 고객이 기대하는 익숙한 스타일을 따르는 대신, 완전히 새로운 창작에 도전한다는 것은 말처럼 쉬운 일이 아니다. 최고의 명반으로 꼽히는 '호텔 캘리포니아(Hotel California)'(1976)를 발표한 이글스가 후속작을 준비하면서 겪었을 고민과도 비견할 만하지 않을까. 창작자라면 그 고통을 이해할 수 있을 것이다.

골프코스 설계에서 반복을 피하기란 매우 어려운 일이다. 잭 니클라우스(Jack Nicklaus)나 아널드 파머(Arnold Palmer)처럼 전설적인 골퍼들이 이끄는 설계 브랜드조차 수십 년간 이 함정에서 빠져나오지 못했다. 그들은 누구나 알아볼 수 있는 형태의 '시그니처 코스'를 개발했고, 클라이언트들은 큰돈을 지불하고서 이 시그니처 디자인을 구매했다.

톰 도크는 20세기를 풍미했던 이런 트렌드에 정면으로 맞섰다. 그는 기존의 방식과 차별화를 이루기 위해 '미니멀리즘'의 철학을 골프코스 설계에 도입했다. 코스 설계에서 미니멀리즘이란 자연에서 답을 구하는 것이다. 100년 전 스코틀랜드의 해변에 골프장이 처음 세워졌을 때와

같이, 자연의 지형을 최대한 살려내는 방식이다. 인공적인 요소는 최소화하고, 자연이 품은 코스의 형태를 발굴해내는 것. 그것이 바로 도크가 추구한 '코스 설계의 미니멀리즘'이다.

프랭크 케이시 시니어가 아일랜드 쉬프헤이븐 만 인근의 드넓은 링크스 부지를 톰 도크에게 보여줬을 때, 도크는 고민에 잠겼다. 그 땅은 36홀 코스를 만들 수 있을 만큼 넓었지만, 그는 케이시 패밀리에게 이렇게 물었다.

"이 정도면 꽤 괜찮은 36홀 코스를 만들 수 있습니다. 아니면 세계적인 수준의 18홀 코스를 만들 수도 있는데, 어느 쪽을 원하십니까?"

케이시 패밀리는 후자를 선택했고, 그렇게 탄생한 것이 바로 현재 세계 50위 안에 드는 명문 코스, 세인트 패트릭스 링크스다.

이 이야기에 내가 유독 공감하는 이유는, 과거 내가 자문했던 한 프로젝트를 연상케 하기 때문이다. 당시 개발자는 동해안 절벽 위의 멋진 구릉지에 리조트 개발 사업을 추진하던 상황이었다. 부지는 27홀 골프코스와 숙박 시설을 충분히 수용할 수 있을 만한 규모였지만, 나는 자연 지형의 흐름을 따라 18홀을 배치하고 세계적인 수준의 리조트를 설계해서 전 세계의 골프 마니아를 겨냥하자고 제안

↑↑ 자연 그대로의 아름다움, 1번 홀: 파4, 381야드
↑ 2번 홀 그린에서의 풍경
↓ 3번 홀: 파3, 178야드

했다. 하지만 개발자는 18홀로는 투자비를 회수하기 어렵다고 판단했고, 결국 27홀 코스를 제안한 다른 팀을 선택했다.

케이시 패밀리처럼 클라이언트가 안목을 제대로 갖추어서, 대체 불가능한 자연의 아름다움을 최고의 자산으로 활용할 수 있을 때 비로소 세계적 수준의 작품이 태어난다. 자연은 한번 파헤쳐 놓으면 복원할 수 없기 때문에, 거대한 자연을 재료로 삼는 코스 설계는 그만큼 더 섬세하고 신중한 계획이 필요하다. 동해의 장엄한 해안 절벽이 본래의 선형을 잃고 인위적인 홀들로 채워질 것을 생각하면, 수년이 지난 지금도 마음이 답답해진다.

로사펜나 호텔에 도착하자, 전날 던루스 링크스를 함께 플레이했던 프랭크 케이시 주니어와 그의 동생 존이 나를 맞아주었다. 하루 전에도 코스에서 함께 시간을 보냈건만 프랭크는 아직도 조금 쑥스러운 듯한 미소를 지으며, 세인트 패트릭스 링크스의 클럽하우스로 가는 길을 안내했다. '매그헤라마건'이라는 독특한 이름의 자갈길을 따라가니 두 대의 트레일러를 연결해 만든 임시 클럽하우스가 나타났다. 코스 건설 당시 현장 사무소로 쓰던 트레일러를 재활용한 게 분명했다. 체크인을 마친 뒤 지체 없이 1번 티잉 그라운드로 향했다. 이 여행을 계획하기도 전부터 1년 넘

→ '피카부' 홀, 7번: 파4, 417야드

게 마음속에 품고 있던 궁금증을 풀 순간이 마침내 찾아온 것이다.

첫 세 홀에서는 스코틀랜드 하이랜드의 클래식 링크스를 떠올리게 하는 풍경이 드러났다. 크고 작은 모래언덕들이 사방에 흩어져 있고, 그 사이를 누비듯 연결한 페어웨이의 길을 따라 골프 천국이 눈앞에 펼쳐졌다. 티잉 그라운드로부터 페어웨이를 지나 그린에 이르는 여정은 매 홀마다 자연스럽게 연결되었고, 코스와 주변 지형 사이의 경계를 구분할 수 없을 만큼 원초적인 풍경 속에서 플레이를 하도록 연출되어 있었다.

넓은 페어웨이는 세밀한 굴곡과 과감한 지형의 움직임이 공존했으며, 벙커는 원지반을 그대로 살려서 생동감을 주었다. 예측 불허의 형태로 다양한 상상력을 자극하는 그

→ 14번 홀: 파4, 399야드

린과 그 주변 공간 역시 단 한순간도 방심할 수 없도록 도전과 즐거움을 동시에 선사했다.

이렇게 자연과 하나 된 코스가 요구하는 정확한 샷을 만들어냈을 때의 쾌감은 이루 말할 수 없는 것이었다. 단단한 페어웨이가 드라이버 샷을 더 멀리 보내주었고, 어프로치 샷은 굴곡진 그린을 타고서 멋진 곡선을 그리며 깃대를 향해 흘러갔다. 코스 곳곳에는 벙커처럼 눈에 훤히 보이는 함정 외에도, 겉으로는 평범한 페어웨이처럼 보이지만 까다로운 어프로치나 블라인드 샷을 요구하는 숨겨진 장치들이 도사리고 있었다.

결코 만만치 않았지만, 세인트 패트릭스 링크스는 로열 포트러시보다 훨씬 더 공정하고 친근한 코스였다. 던루스 링크스의 경우 페어웨이에서 20~30센티미터만 벗어나도 공이 깊은 러프로 들어가 찾을 수 없었던 것과 달리, 이곳의 러프는 가느다란 황금빛 페스큐 잔디로 이루어져 있어 공을 쉽게 찾을 수 있었고 멋진 리커버리 샷을 연출할 여지도 충분했다.

이곳은 내가 꿈꾸던 진정한 링크스 코스의 외형, 감각, 그리고 플레이의 재미를 모두 담고 있었다. 특히 7번 홀은 재치가 돋보였는데, 그린이 장난스럽게 모래사구 뒤에 숨겨져 있어서 골퍼들은 언덕에 가려 보이지 않는 그린을 향해 샷을 날린 후, 가까이 다가간 뒤에야 비로소 깃발을 발견하게 된다. 나는 도크가 설계한 이런 홀들에 '피카부 홀(Peekaboo Hole)'이라는 이름을 붙였다. 이처럼 유쾌한 경험과 도전을 동시에 제공하는 것은 도크의 설계에서 반복적으로 등장하는 요소다. 뉴질랜드의 타라 이티에서도 경험했던 도크 특유의 유머감각을 이곳에서 다시 한번 느낄 수 있었다.

프랭크 케이시 시니어가 로사펜나에서 발견한 광활한 지형은 경외감을 자아낼 정도였다. 그리고 도크는 이곳의 자연을 캔버스 삼아 21세기의 새로운 걸작을 탄생시켰다.

개장한 지 2년이 지난 지금, 이상기후와 인공 관수 시스템의 부재로 코스 관리 상태는 다소 기대에 못 미쳤다. 하지만 앞으로 기후가 안정되고 페스큐 잔디가 건강히 자리

잡게 되면, 세계 100대 코스의 명성을 충분히 지킬 수 있을 것이다.

이곳이 과연 세계 100대 코스에 들 만한가, 내게 묻는 이들이 많다. 그럴 때마다 나는 장황한 설명 대신 한마디를 건넨다.

"백문이 불여일견(百聞不如一見)."

이 코스의 진면목은 직접 보고, 걷고, 플레이해봐야만 느낄 수 있다.

Day 12

올드 톰 모리스 링크스
하나의 코스에 공존해온
두 장인의 미학

위치: 아일랜드 로사펜나
설계자: 올드 톰 모리스, 해리 콜트, 해리 바던, 팻 러디
설립 연도: 1891년

12일째 오후, 나는 세인트 패트릭스 링크스를 떠나 리조트의 오래된 클럽하우스로 향했다. 차로 5분 거리인 이 클럽하우스는 올드 톰 모리스 링크스(Old Tom Morris Links)와 샌디 힐스 링크스(Sandy Hills Links), 두 곳 골프코스의 중심에 위치해 있었다. 조용했던 오전의 세인트 패트릭스 링크스와 달리, 클럽하우스는 지역 골퍼들로 북적여서 분위기가 사뭇 달랐다.

세인트 패트릭스 링크스가 세계 100대 코스를 순례하는 골퍼들의 목적지라면, 100년이 훌쩍 넘는 전통을 자랑하는 올드 톰 모리스와 20년 전 탄생한 샌디 힐스는 상대적으로 저렴한 그린피와 익숙한 매력 덕분에 지역 골퍼들을 끌어들이는 듯했다.

프로숍에 들어가니 프랭크와 존이 날 반긴다. 오전 라운드는 어땠냐고 묻는 얼굴이, 이제는 한층 친숙해진 듯 느껴진다. 형제는 오너 가족이었지만 운영도 직접 하고 있었다. 골퍼들을 맞이하고 카운터에서 계산을 하는 건 물론이고, 2층 레스토랑 테이블을 세팅하고 주문을 받는 일까지 직원들과 함께 몸으로 직접 뛰었다. 사무실 의자에 앉아 지시만 내릴 거라는 내 예상은 완전히 빗나갔다.

로열 포트러시에서 프랭크가 했던 말이 떠올랐다. 두 시간이나 운전하고 와줘서 고맙다는 내 말에, 그는 가끔 로사펜나를 벗어나는 걸 좋아한다고 했는데, 그 이유를 알 것 같았다.

로사펜나에 대한 역사를 들으며, 이곳에 대한 기대감이 한층 더 커졌다. 레이트림의 4대 백작, 로버트 버밍엄 클레먼츠는 자신의 캐리카트 영지에 골프코스를 만들기 위해 올드 톰 모리스(Old Tom Morris)를 초청했다. 하지만 로사펜나를 세계적인 리조트로 발전시킨 주역은 아들 찰스 클레먼츠였다.

호텔 입구에 걸린 오래된 흑백 사진들을 바라보며, 나는 초창기 골퍼들의 모습에 매료되었다. 그들이 이곳을 찾을 때면 은색 프로펠러 비행기를 타고 쉬프헤이븐 만의 모래사장에 착륙하곤 했다. 스코틀랜드의 노스 베릭(North Berwick Golf Club)이나, 세인트 앤드루스, 크루든 베이(Cruden Bay Golf Club) 같은 유명 골프장에 런던 북동철도(LNER)를 타고 도착하던 것과는 사뭇 다른 방식이었다. 북아일랜드의 대표적인 골프장들인 로열 카운티 다운(Royal County Down Golf Club)과 로열 포트러시도 철도로 연결되었던 것과 비교하면, 로사펜나는 정말 외딴 곳에 자리잡았던 셈이다.

기차 대신 비행기를 택한 사람들에게는 공통점이 있었다. 바로 일상의 소란에서 벗어나 고요함을 찾아 떠났다는

것이다. 평온한 휴식을 향한 갈망에 이끌려, 한 세기 넘도록 이곳에는 숱한 여행객들이 드나들었다.

지금의 오너인 프랭크 시니어에게 로사펜나 호텔과 리조트는 단순한 사업장이 아니다. 그가 처음 캐디로 일하며 골프와 인연을 맺은 장소이자, 아내 힐러리를 만나고 결혼 후 1981년 현재의 사업을 일으킨 특별한 유대의 공간이다. 그가 자녀에게 물려준 유산에는 골프에 대한 열정, 가족 사업에 대한 존중, 그리고 성실한 직업 정신이 모두 포함돼 있다.

프랭크 시니어는 올드 톰 모리스 링크스(Sandy Hills Links)와 호텔을 인수한 데 이어, 2003년 샌디 힐스 링크스를 새롭게 조성했다. 여기에 그치지 않고 그는 전 소유주로부터 380에이커의 토지를 추가로 확보했다. 이 부지는 과거 잭 니클라우스가 36홀 코스의 골프장을 설계했던 곳이기도 하다. 만일 이곳에 케이시 패밀리가 세인트 패트릭스 링크스를 만들지 않았다면, 나와 같은 골프 성지순례자들은 아일랜드 최북단의 로사펜나까지 찾아오지는 않았을 것이다.

아침에는 세인트 패트릭스 링크스를 돌았고, 같은 날 오후에는 올드 톰 모리스 링크스를 플레이했다. 이곳은 세인트 앤드루스의 전설적인 설계자 올드 톰 모리스가 설계한

18홀 코스로, 이후 몇 차례 변화를 겪었다. 2009년, 프랭크 시니어는 고도가 낮은 모래사구 지역에 스트랜드 코스(전반 9홀)를 새롭게 조성하면서 올드 톰 모리스의 기존 밸리 코스와 연결하여 새로운 18홀 코스를 완성했다.

개인적으로 흥미로웠던 부분은, 해리 콜트가 1912년에 리모델링한 밸리 코스였다. 12번 홀부터 15번 홀까지가 특히 인상적이었는데, 콜트의 디자인을 실현하기 위해 막대한 양의 흙이 필요했고, 이를 현장으로 반입하기 위해 철도까지 놓았다고 한다.

올드 톰 모리스가 설계하고 해리 콜트가 리모델링한 후반 9홀은 전반 9홀과는 뚜렷하게 대비되며, 전혀 다른 성격의 과제를 던져준다. 밸리 코스를 플레이하기 위해서는 페스큐 러프로 덮인 언덕을 넘고 계곡을 가로질러야 한다. 평탄한 지형의 스트랜드 코스와는 분위기가 확연히 다르다.

저녁 무렵, 호텔 로비에 전시된 오래된 골프코스 지도 앞에 서 있을 때였다. 한참을 골똘하게 살펴보는 내 모습을 보고는, 지나가던 한 신사가 멈춰 서서 말을 걸었다.

"지도 속에서 길을 잃은 것 같네요. 이 코스가 어떻게 변해왔는지, 스토리를 알고 있나요?"

그는 골프장의 역사를 간략히 설명해주었다. 올드 톰 모리스가 1891년에 설계한 18홀 코스 중에 현재까지 남아

↑ 스트랜드 코스 4번 홀: 파4, 415야드
↓ 밸리 코스 14번 홀, 파3, 192야드

있는 것은 9홀 뿐이며, 나머지 9홀이 있던 부지는 샌디 힐스 링크스와 올드 톰 모리스 링크스의 전반 9홀(스트랜드 코스) 일부로 재활용되었다고 했다.

그는 지도 위에서 도로 건너편을 가리켰다. 지금은 로사펜나 피치앤퍼트 연습장이 들어선 장소는, 한때 올드 톰 모리스 링크스의 일부였다고 했다. 나는 이곳이 어딘지 알 듯했다. 오후에 스트랜드 코스의 전반 홀을 플레이하던 중, 길 건너에서 커다란 함성 소리가 들려왔던 적이 있었다. 골프를 잠시 멈추고 돌아보니 축구공이 허공을 가르는 장면이 눈에 들어왔다. 동네 아이들이 신나게 풋골프를 즐기던 장소가 바로 여기였다.

나는 몇 가지 질문을 이어서 던졌고, 신사는 친절히 답해주었다. 그가 식당으로 발걸음을 옮긴 후, 그제야 머릿속에서 풀리지 않던 퍼즐이 깨끗하게 맞춰진 느낌이었다.

그 자리에 조금 더 머무르며 사진들을 둘러보다가, 저녁 식사를 위해 바던 레스토랑으로 향했다. 이 레스토랑은 전설적인 골퍼 해리 바던(Harry Vardon)의 이름을 따온 곳으로, 그는 디 오픈 챔피언십에서 여섯 차례나 우승하고, 1900년에는 US 오픈을 제패한 인물이다. 1906년 로사펜나에 초청되어 올드 톰 모리스 링크스의 벙커를 개보수하는 작업에 참여하기도 했다.

나는 전날 저녁과 같은 테이블에 자리를 잡았다.

쉬프헤이븐 만과 다우닝스 마을이 한눈에 보이는 명당이었다. 머나먼 아일랜드에서 광활한 링크스 코스 36홀을 플레이했던 하루를 되돌아보기에 이보다 더 완벽한 장소는 없었다.

현지 맥주인 키니거 스크래기 베이 에일 한잔과, 만에서 갓 잡아 올린 해산물 요리를 앞에 두고서 잠시 여유를 즐겼다. 다음 날 아침, 샌디 힐스 링크스에서 펼쳐질 또다른 라운드를 상상하며 평온한 밤이 지나갔다.

Day 13

샌디 힐스 링크스
아일랜드 북단에서 만난
빛과 초록의 향연

위치: 아일랜드 로사펜나
설계자: 에디 해킷, 팻 러디
설립 연도: 2003년

빛은 우리가 인식하는 세상의 모습을 탈바꿈시키는 힘이 있다. 특히 자연 속에서는 그 힘이 선명하게 드러난다. 해가 막 떠오른 직후나 해가 지기 전의 황금 시간대에는, 명암의 대비가 극명해지고 색감이 생생한 조화를 이루어 풍경 전체가 살아 숨 쉬는 듯하다. 이런 빛의 마법은 골프장처럼 탁 트인 공간에서 사진을 촬영할 때 이상적인 조건을 만들어준다.

워싱턴 주립대에서 건축 사진을 공부했던 시절, 나는 빛의 미묘한 변화를 포착하는 법을 배웠고, 이후 다양한 현장에서 그 원리를 직접 적용해보았다. 필름 카메라를 사용

올드 톰 모리스 동상

하던 시절에는 셔터를 누르고, 필름을 현상한 뒤, 인화지 위에 서서히 떠오르는 이미지를 지켜보는 과정에 특유의 설렘이 있었다. 시간과 인내를 요구하는 이 과정은, 지금의 디지털 사진과는 분명히 다른 감성과 깊이를 지니고 있었다.

모든 것을 빠르게 해결하려는 조급함과는 거리가 먼, 과정과 결과를 모두 음미할 줄 알았던 시절. 나는 그 시절을 '안단테 콘 모토(Andante con Moto)', 즉 조금 느리지만 생기 있던 삶의 한 장면으로 기억한다.

1997년에 맨해튼으로 이주한 이후에도 나는 사진 작업을 계속했다. 그 중심에는 언제나 골프장이 있었다. 당시는 고해상도 디지털 카메라가 상용화되기 전이라, 이베이에서 중형 필름 카메라 마미야 RZ67을 구입했다. 이 카메라는 크기와 무게가 상당했지만, 미국 전역의 골프 리조트를 취재할 때마다 늘 이 카메라를 챙겼다.

취재 후에는 지하철을 타고 웨스트 24번가에 위치한 사진현상소 듀갈(Duggal)을 찾아가 필름을 맡겼다. 집으로 돌아오는 길에는 9번가의 B&H에 들러 하셀블라드나 라이카 같은 명품 카메라를 둘러보는 것도 작은 기쁨이었다.

지금은 코스 사진을 찍을 때 디지털 카메라와 스마트폰을 사용하고 있지만, 가끔은 뉴욕의 그 시절이 그립다. 늦은 오후, 따뜻한 오렌지 빛 햇살 아래, 각양각색의 골프장을 후지 벨비아 필름에 담으며 홀로 코스를 누비던 그 시간은 내 마음속에 아직도 선명하게 남아 있다.

13일째 되는 날, 전체 여정이 3분의 1 지점을 지나고 있었다. 그날은 로사펜나의 세 번째 코스인 샌디 힐스 링크스에서 라운드를 할 예정이었다. 로사펜나의 여러 코스들 가운데서도 샌디 힐스 링크스는 유독 화사한 느낌이었다. 전날 세인트 패트릭스 링크스와 올드 톰 모리스 링크스가 구름 낀 하늘 아래 무겁고 차분한 분위기였다면, 샌디 힐스는 생기를 가득 머금은 색채의 향연을 펼치고 있었다.

맑은 아침 하늘 속에서 빛이 마술을 부린 것이다. 페어웨이는 생동감 넘치는 짙은 녹색을 뿜어냈고, 거칠고 입

↑↑ 18번 홀 그린
↑ 1번 홀의 그린 콤플렉스
↓ 4번 홀: 파4, 341야드

체적인 러프는 베이지, 연두, 부드러운 붉은빛이 교차하며 아름다운 대비를 이루고 있었다. 아침 햇살에 물든 풍경이 마치 한 폭의 태피스트리처럼 눈앞에 펼쳐졌다. 산들바람에 우아하게 펄럭이는 흰색 깃발이, 이 그림 같은 공간 속에서 자신의 존재를 또렷이 알렸다.

아일랜드의 저명한 골프코스 설계자 팻 러디는 샌디 힐스 링크스를 설계하면서 기존의 톰 모리스식 설계 기법에서 과감히 벗어나, 비정통적인 접근 방식을 택했다. 부드럽게 굽이치는 모래언덕을 따라 홀을 배치하는 전통적 링크스 스타일 대신, 그는 계곡과 언덕 사이를 가로지르는 대담한 디자인을 시도했다. 이 혁신적인 설계는 코스에 역동성과 도전 정신을 불어넣었고, 각 홀마다 숨이 멎을 듯한 절경을 연출해냈다.

하지만 전통적인 링크스 코스의 완만한 지형에 익숙한 아일랜드 골퍼들, 특히 하이 핸디캡 플레이어들이 느끼기에 이런 스타일은 상당히 까다로웠다. 결국 더 많은 이들이 이 아름다운 코스를 즐길 수 있도록, 2013년 미국의 설계자 보 웰링(Beau Welling)이 투입되었다. 그는 지나치게 어렵다는 평가를 받았던 벙커를 제거하고, 일부 그린의 난이도를 낮추는 등 조정 작업을 통해 코스의 난이도를 조절했다.

나는 한국의 산악 지형 골프장에 익숙한 터라, 샌디 힐

↑ 6번 홀: 파4, 415야드
↓ 11번 홀 그린에서의 전망

스 링크스가 그리 위압적으로 느껴지지 않았다. 한국의 골퍼들은 아웃 오브 바운드를 워낙 자주 마주한다. 깊은 계곡 해저드를 넘기거나, 가파른 경사면에서 높은 탄도의 샷을 구사하는 데도 익숙하다. 그래서 현지인들에게 이질적으로 느껴지는 샌디 힐스 링크스의 롤러코스터 같은 코스가 나에게는 오히려 친근하게 느껴졌다.

→ 17번 홀 파5, 그린 위에 올린 두 번째 샷

　세 나라에서 치른 열네 번의 라운드를 통틀어, 이날은 유독 경기가 잘 풀리는 날이었다. 특히 17번 홀 티잉 그라운드에 섰을 때는 자신감이 최고조에 달했다. 강한 북풍을 마주하고도 안정적인 드라이브 샷을 날렸고, 페어웨이의 낮은 지대에 공이 멈춰 그린이 보이지 않는 상황에서도 하이브리드 클럽으로 친 샷은 내가 원하는 탄도와 방향 그대로 날아갔다.

　시야를 가리고 있던 나지막한 언덕 꼭대기까지 달려 올라가서 멈춰 선 순간, 방금 전까지 보이지 않던 골프공이 깃대 왼쪽 1미터 남짓한 곳에 멈춰 있는 것이 눈에 들어왔다. 페어웨이에서 그린으로 가는 발걸음은 마치 메이저 대회의 마지막 홀, 우승을 위한 퍼트를 하러 가는 기분과도 같았다. 동반했던 로컬 캐디가 날 보고 함빡 웃는다. 그린 위로 올라가 홀컵까지의 경사를 확인하고, 그리 까다롭지 않은 퍼팅을 자신 있게 마무리해 얻은 스코어는 이글.

아일랜드 최북단, 로사펜나에서의 여정을 마무리하는 순간으로 이보다 더 완벽할 수는 없었다.

Day 14

밸리리핀 골프클럽 - 올드 링크스 & 글래셔디 링크스

산을 업고, 바다를 안고 치는 링크스 골프

위치: 아일랜드 도니골 카운티, 밸리리핀
설계자: 에디 해킷, 팻 러디, 톰 크래덕
설립 연도: 1947년(올드), 1992년(글래셔디)

여행 중에는 길에서 불필요하게 시간을 허비하지 않도록 최대한 노력했다. 가급적 도심의 출퇴근 시간을 피할 수 있는 위치에 숙소를 정했고, 골프장에서 골프장으로 이동할 때는 동선을 한 방향으로 구성했다. 또한 매일 체크인, 체크아웃을 반복하는 번거로움을 피하고자, 가능하면 한 곳에 여러 날 머무는 방식을 택했다. 하지만 밸리리핀(Ballyliffin Golf Club)은 이런 루틴에서 벗어난 이례적인 경우였다.

18년 만에 다시 찾는 아일랜드 골프 순례에서, 라힌치(Lahinch Golf Club)는 꼭 들러야 할 장소였다. 하지만 밸리버니언(Ballybunion Golf Club)과 달리 라힌치는 나에게 그리 호의적이지 않았다. 결국 나는 대안으로 밸리리핀을 선택했다. 여행을 불과 며칠 앞두고 연락했는데도, 밸리리핀의 직원들은 놀라울 정도로 친절하고 협조적이었다.

'그래, 날 반기는 곳으로 가자. 여행의 묘미는 이런 데 있는 것 아니겠어?' 하는 생각이 들었다.

문득 스물세 살 때 떠났던 마르세유 여행이 생각났다. 당시 나는 파리에서 몽생미셸로 가는 기차를 놓치는 바람에 차선책으로 마르세유를 택했다. 그때 마르세유에서 먹었던 부이야베스, 우연히 만나 친구가 된 재일교포 태권도 선수, 그리고 이프 섬으로 가는 배 위에서 보았던 눈이 시리도록 푸른 남프랑스의 바다가 차례로 떠올랐다.

선물과도 같았던 옛 추억 덕분에, 밸리리핀으로 가는 길

6번 홀, '도라스 모어': 파4, 406야드

이 좀 더 경쾌하게 느껴졌다. 로사펜나를 떠나 포트러시에서 달려왔던 길을 되짚어, 반대 방향으로 밸리리핀을 향해 차를 몰았다. 레터케니를 지나 N13번 도로를 따라 번트에 도착했을 때, 며칠 전 길에서 봤던 세인트 앵거스 교회가 보였다. 파티용 고깔모자처럼 생긴 독특한 지붕을 얹은 이 교회는, 아일랜드의 유명 건축가 리암 맥코믹의 창의성을 잘 보여주는 건축물이다.

아일랜드 시골을 여행하다 보면 도로 양옆에 늘어선 양떼와 자주 마주치게 된다. 양의 등 언저리에는 민트, 노랑, 보라색 등 멀리서도 눈에 띄는 밝은 색조의 페인트가 아무렇게나 칠해져 있다. 고요한 전원의 풍경 속에서 도드라지는 무늬를 이룬 채로, 비가 오나 바람이 부나 묵묵히 풀을 뜯는 양들은 마치 살아 있는 풍경화처럼 아일랜드 특유의 정취를 완성한다.

아일랜드 전역을 여행하면서, 마을을 에워싼 크고 작은 언덕과 산들의 아름다움에 반복해서 감탄하곤 했다. 일출과 일몰의 황홀한 빛이 긴 그림자를 드리울 무렵, 하늘과 대지가 만들어내는 실루엣은 뇌리에서 쉽게 지워지지 않는다. 눈을 감고도 따라 그릴 수 있을 듯한 아름다운 윤곽

글래셔디 코스, 2번 홀 '크레이그 나 카일리그': 파4, 4630야드

이 산의 정상에서부터 기슭까지 부드럽게 내려앉았다.

자연이 만들어낸 이런 풍경은 사람들의 정체성과도 맞닿아 있어서, 먼 타향에서도 마음 깊숙이 살아 숨 쉰다. 이니쇼언 반도의 북서쪽 끝, 밸리리핀에 도착했을 때 다른 곳에서는 느껴보지 못한 안락함에 사로잡힌 것도 그 때문이리라.

너새니얼 호손의 《큰바위 얼굴》에 나오는 뉴햄프셔의 어느 마을처럼, 밸리리핀도 대지가 사람들에게 조용한 영감을 주는 곳이다. 불빈, 래틴 모어, 비니언, 슬리브 스넥트 같은 독특한 이름의 산들이 이 마을을 따뜻하게 감싸 안고 있다. 오랜 세월 동안 밸리리핀은 그렇게 바다를 바라보며 조용히 자리해왔다.

밸리리핀 골프클럽에는 두 개의 18홀 코스가 있다. 첫 번째 코스인 올드 링크스는 1947년에 만들어졌으며, 아일랜드의 에디 해킷(Eddie Hackett)과 팻 러디가 함께 설계했다. 두 번째 코스인 글래서디 링크스는 1992년에 팻 러디의 단독 설계로 완성되었고, 이후 미국의 톰 크래덕(Tom Craddock)이 리모델링에 참여해 지금의 모습을 갖췄다.

이 두 코스는 아일랜드의 전통적인 링크스 코스들에 비하면 역사가 짧은 편이지만, 아일랜드를 여러 번 방문한 친구들은 '꼭 한 번 가봐야 하는 코스'라며 입을 모아 추천

했다. 나는 운 좋게도 하루에 두 코스를 모두 라운드해보는 기회를 얻었다.

글래셔디는 토너먼트 개최를 염두에 두고 만든 터라 난이도가 높다고 알려져 있다. 레귤러 티 기준으로 파72에 6,847야드에 이르지만, 뜻밖에도 파71에 총 전장이 400야드나 더 짧은 올드 링크스보다 더 수월하게 느껴졌다. 예측 가능한 레이아웃과 교과서적인 벙커 배치, 빠르지만 단조로운 그린 덕분에 마치 훈련이 잘된 경주마를 타는 듯한 안정감을 주는 코스였다.

그에 비해, 올드 링크스는 작지만 에너지가 넘치는, 어디로 튈지 모르는 야생마 같았다. 자연 지형을 그대로 살린 설계 덕분에 공은 예상치 못한 방향으로 튀었고, 평탄하지 않은 다양한 라이(Lie)가 플레이어의 상상력을 자극했다.

특히 올드 링크스의 14번 홀 그린과 15번 홀 티잉 그라운드가 위치한 언덕에서 바라본 밸리리핀의 풍경은 경이로웠다. 어느 방향으로 고개를 돌리든 압도적인 장관이 시야에 가득 펼쳐졌다. 거센 파도가 끊임없이 다가와 부서지는 해안선을 겹겹의 산맥이 깊이 감싸 안고 있었다. 망망한 바다 위에는 고깃배 하나 보이지 않았고, 갈매기들만이 나와 캐디의 움직임을 하늘에서 힐끔거리며 유영했다.

이날의 캐디 닐 그랜트는 밸리리핀에서 평생을 살아온

토박이였다. 어릴 적부터 지금까지 본업은 양치기였고, 캐디는 부업이라고 했다. 밸리리핀 골프클럽에서만 40년 넘게 캐디로 일해온 그는, 오랜 세월 얻은 지식과 경험을 아낌없이 전해주었다.

그가 직접 지켜본 바에 따르면, 지난 반세기 동안 골프장과 맞닿은 해변이 심각하게 침식되었고 해가 갈수록 그 현상이 더욱 악화되고 있다고 했다. 몇 해 전에는 파도가 기존 해안선을 침범하여 페어웨이까지 물에 잠기는 일도 있었다고 하니, 이 지역이 겪는 기후 변화의 영향이 얼마나 큰지 알 수 있었다.

사실 이 문제는 이번 여행에서 내내 체감하던 것이었다. 암스테르담에서 시작하여 지난 2주간 방문한 모든 골프장이 저마다 다른 양상으로 기후 변화 문제에 직면해 있었

다. 기준과 강도는 달랐지만 나라마다 환경 규제도 적용하고 있었다. 나는 골프가 지상 최고의 게임이고 인간을 행복하게 해주는 스포츠라고 믿지만, 동시에 골프장을 품고 있는 지구의 환경이 분명히 변화하고 있다는 사실을 피부로 느낀다. 이제 골프 커뮤니티가 이 문제의 긴박함을 인식하고, 실질적인 변화를 위한 행동에 나서는 것이 무엇보다 중요하다고 생각한다.

그날 저녁, 나는 밸리리핀 마을 중심을 거닐며 저녁 식사를 할 만한 곳을 찾았다. 유독 사람들이 붐비는 건물이 있어 다가가니, 숙소 후보로 잠시 고민했던 밸리리핀 호텔이었다. 호텔 안팎에 넘치는 활기에 이끌려 안으로 들어섰다. 내부 벽에는 지역 영화제 포스터가 잔뜩 붙어 있었고, 홀과 레스토랑은 영화제 관계자들로 북적였다.

그중 몇몇 현지인들이 호기심 어린 눈으로 바에 앉아 있는 나를 힐끔거리는 것이 느껴졌다. 나는 가벼운 미소를 띠며 속으로 중얼거렸다.

'저는 그냥 골프를 치러 들른 여행자일 뿐입니다. 한국 영화 업계와는 관련 없는 사람이에요.'

Day 15

밸리버니언으로 가는 길

암스테르담으로 떠나기 한 달 전만 해도, 나는 이번 여행의 준비가 꽤 순조롭게 진행되고 있다고 믿었다. 하지만 일부 골프장에서는 티타임을 확보하는 일이 예상보다 훨씬 어려웠다. 추측컨대, 팬데믹 이후 해외 골퍼들의 수요가 급증하면서 특히 세계 100대 코스에 이름을 올린 곳들은 폭발적인 인기를 누리는 듯했다.

예상치 못한 난관에 부딪히자, 나는 골프장의 관심을 끌기 위한 비장의 카드를 꺼내 들었다. 내가 2020년에 출간한 골프 에세이집 《골프로 인생을 설계할 수 있다면》이 이런 순간에 도움이 될 것 같았다. 라힌치와 밸리버니언에 관한 챕터에서 본문과 사진을 발췌했고 티타임 문의 메일에 첨부했다. 며칠 후에는 직접 전화를 걸어, 18년 만에 이곳을 다시 찾는 간절한 마음과 이번 여정의 의미를 정중히 설명했다.

《골프로 인생을 설계할 수 있다면》, 2020년 출간

 이런 정성이 통했던 걸까, 밸리버니언 측은 기존에 없던 10월 4일 오전 7시 36분 첫 티타임을 특별히 마련해주었다. 덕분에 나는 밸리리핀을 출발해 남서쪽으로 여섯 시간 반가량을 달리는 긴 여정에 기쁘게 올랐다. 카운티 슬라이고의 이니스프리 호수를 지나 아담한 바닷가 마을 밸리버니언을 향해 달리면서, 기대감도 점점 부풀어 올랐다.

 밸리버니언의 533번 도로변에 자리한 B&B에 짐을 푼 뒤, 마을에 중국 음식점이 있는지 인터넷으로 검색해보았다. 집을 떠난 지 보름 정도 지나니 동양 음식, 특히 고슬고슬한 밥이 그리워졌기 때문이다. 2005년의 경험에 비추어볼 때, 아일랜드의 작은 마을에도 중국집 하나쯤은 있기 마련이라 생각했다. 아니나 다를까, '재키 창'이라는 작은 식당이 검색되었다. 테이크아웃 위주로 장사를 하는 집이었지만 안쪽에 작은 식탁이 두어 개 있어 식사를 할 수 있었다. 탕수육 비슷한 스위트앤드사워 치킨과 볶음밥을 주문하고는 주인장과 간간이 이야기를 나누며 만족스러운 한 끼를 마쳤다.

어느덧 땅거미가 내려앉은 거리에는 신선한 공기가 가득했다. 수요일 저녁이었고 비수기가 막 시작된 참이라 거리는 유난히 한산했다. 나는 기네스 맥주 한잔을 즐길 만한 펍을 찾아 나섰다. 메인 스트리트를 따라 걷다 보니, 붉은색 문과 다운라이트 조명이 눈에 띄는 펍 하나가 나타났다. 어두운 간판에는 '필 바(Feale Bar)'라는 상호가 흰색 글씨로 적혀 있었다. 당시에는 그냥 주인의 이름이겠거니 하고 넘겼지만, 나중에 찾아보니 'Feale'은 아일랜드어로 '자비로운' 혹은 '친절한'이라는 뜻이었다.

펍 안은 거리와 마찬가지로 조용했다. 내가 들어섰을 때는, 몇몇 손님들이 막 자리를 뜨던 참이었다. 바에 앉아 기네스 한잔을 시키자, 바텐더가 10시부터 소규모 공연이 있을 예정이라고 귀띔해줬다. 여름과 가을 시즌에는 한국인 여성 가수가 노래를 한다며, 오늘도 올지는 모르겠다는 다소 모호한 설명을 덧붙인다. 문득, 그녀는 무슨 사연으로 아일랜드의 작은 마을, 밸리버니언까지 오게 되었을까

궁금해졌다. 내가 골프라는 이유로 이곳에 발을 디딘 것처럼, 그녀도 어떤 바람에 이끌려 왔다가 아름다운 해변 마을에 반한 것은 아닐까? 그래서 잠시 머물렀다가 떠난 뒤에도, 어김없이 다시 찾아오길 반복하는 것은 아닐까 하는 상상을 해본다.

Day 16

밸리버니언 골프클럽
U2도 울고 갈
아일랜드의 장엄한 링크스

📍
위치: 아일랜드 케리 카운티, 밸리버니언
설계자: 라이오넬 휴슨
설립 연도: 1906년
2023 〈GOLF 매거진〉 세계 100대 코스 순위: 24위

다음 날 아침, 나는 1번 홀 티잉 그라운드에 서 있던 나이 지긋한 직원과 이런저런 잡담을 나누며 동이 트기를 기다렸다. 우리는 1906년 밸리버니언 골프코스를 만든 라이오넬 휴슨(Lionel Hewson)에 대해 이야기를 나누었다. 라이오넬 휴슨은 프로 골퍼도 아니었고, 정식 교육을 받은 코스 설계자도 아니었다. 골프 저널리스트이자 〈아이리시 골프(Irish Golf)〉라는 잡지의 편집장으로 명성을 얻었던 그는 밸리버니언의 해안 지형이 지닌 잠재력을 알아봤고, 세계 최고 수준의 골프장을 만들었다.

← 2005년, 2번 홀 그린 뒤에서 촬영한 사진
→ 11번 홀 '왓슨스': 파4, 471야드, 핸디캡 2번 홀, 2005년 촬영

이후 1937년, 클럽은 지역 프로 대회를 앞두고 명성 높은 설계자 톰 심프슨에게 코스를 업그레이드해줄 것을 의뢰했다. 전해지는 이야기에 따르면, 코스를 둘러본 톰 심프슨은 "내가 손댈 곳이 많지 않군"이라며, 그린과 벙커의 일부만 손본 뒤 떠났다고 한다.

대화는 골프장을 만든 라이오넬 휴슨에서, 가수 폴 데이비드 휴슨으로 자연스럽게 이어졌다. 폴 데이비드 휴슨은 아일랜드 출신의 세계적인 록 그룹 U2의 리드 싱어, 보노의 본명이다.

여행을 떠나기 전, 우연히 그가 2017년 호주의 시사 프로그램 '60분 호주(60 Minutes Australia)'와 나눈 인터뷰를 보게 되었다. 골프를 쳐본 적이 있느냐는 질문에, 그는 이렇게 답했다.

← 15번 홀: 세계에서 가장 아름다운 파3 홀 중 하나, 2005년 촬영
→ 마지막 홀: 파4, 383야드, 2023년 촬영

"아내 앨리가 '취미 하나쯤 가져보는 게 어때?'라고 하더군요. 그래서 내가 '그럼 골프라도 쳐볼까?' 했더니, 앨리가 단호하게 말했죠. 다른 건 몰라도 골프는 절대 안 된다고요. 왜냐하면 양가 부모님 모두 골프에 정신없이 빠져 있었거든요. U2 멤버가 밴드에서 쫓겨나는 유일한 방법이 뭔지 아세요? 골프 치다 들키는 겁니다."

아마도 보노는 사춘기 시절, 골프에 빠진 부모님 때문에 꽤나 진절머리를 냈던 모양이다. 보노의 에피소드를 들려주며, 나는 이렇게 우스갯소리를 했다.

"U2의 보노와 코스 설계자 라이오넬 휴슨이 한 핏줄일 가능성도 있죠. 그렇다고 보노가 썩 좋아할 것 같진 않지만요. 보노와 골프는 상극이니까요."

그는 웃음을 터뜨리며 내게 물었다.

"도대체 우리 아일랜드 사람들에 대해 어떻게 그렇게 잘 아는 거요?"

내가 웃으며 어깨를 으쓱이자 그가 말했다.

"보노와 라이오넬 이야기, 앞으로 종종 써먹어야겠는데. 괜찮죠?"

드디어 어둠이 걷히고, 첫 팀으로 티오프할 수 있었다. 나는 설렘과 그리움이 뒤섞인 묘한 감정에 휩싸였다. 18년 전 처음 이곳을 찾았을 때, 단숨에 내 마음을 사로잡았던 밸리버니언 올드 코스는 영국과 아일랜드 전역을 통틀어 가장 다이내믹한 지형 위에 자리한 코스다.

그동안 수없이 되새겼던 그림 같은 추억들이 되살아났다. 1번 홀을 걷다가 페어웨이 옆에서 발견했던 마을의 오래된 공동묘지, 2번 그린 뒤에서 햇살이 쨍 하고 내리쬐던 순간 셔터를 눌러 얻은 최고의 골프 사진, 그리고 대서양의 거친 파도를 내려다보며 걸었던 7번과 11번 홀의 장엄한 풍경.

긴 세월이 흘렀지만 밸리버니언 올드 코스는 첫인상에서 느꼈던 장엄함과 숭고함을 고스란히 간직하고 있었다. 한 가지 다른 것이 있다면 날씨였다. 아침부터 예고되었던 강풍에 대비하기 위해 그린키퍼가 깃발을 깃대에 칭칭 감아 묶어놓았다. 깃발이 바람에 휘날리면 연결된 깃대가 소용돌이치면서 홀컵을 손상시킬 우려가 있기 때문이었다.

 스코틀랜드에서는 '바람이 없는 골프는 골프가 아니다'라고들 한다. 아일랜드의 골프도 그와 마찬가지여서, 바람과 함께하는 멋진 한판 승부라 할 수 있다. 어떻게 받아들이느냐에 따라서, 그것은 바람을 이기려는 사투가 되기도 하고, 한바탕 어우러지는 춤이 되기도 한다.

 나는 그날 바람에 순응하며, 가파른 언덕과 벙커를 피해 페어웨이로만 걸으려고 애썼다. 하지만 홀이 거듭될수록 중요한 건 스코어가 아니라, 코스를 둘러싼 자연을 온몸으로 체험하는 것이라는 걸 깨달았다.

 세계 곳곳에는 수만 개의 골프장이 있지만, 그중 극소수는 단순한 경기장을 넘어 대체 불가능한 경험을 선사하는 성스러운 장소가 된다. 그런 곳에 서면 골프를 통해 느끼는 장엄함이 스코어를 초월하는 순간이 찾아온다. 밸리버니언 올드 코스는 분명 그런 특별한 장소 중 하나였고, 앞으로도 그럴 것이다.

 그날 저녁, 호텔로 돌아와 낮에 찍은 사진을 들여다보다 오프닝 홀 옆에 자리한 작은 공동묘지 사진을 소셜미디어에 올렸다. 그걸 본 한 친구가 이렇게 농담 섞인 댓글을 남겼다.

 "묘지에 누가 공 넣었어(Did someone hit in the grave)?"

↑ 1번 홀 옆 묘지, 2005년 촬영
↓ 1번 홀 옆 묘지, 2023년 촬영

난 이렇게 답글을 달았다.

"결국 마지막엔 우리 모두 거기로 들어가잖아(At the end of the day, we all do)."

포르투갈의 리스본에서 차로 한 시간 반 거리에 '나자레'라는 마을이 있다. 얼핏 보면 전형적인 시골 마을 같지만, 그렇게만 생각하면 큰 오산이다. 나자레는 언제부턴가 세계 각국에서 거대한 파도를 찾아 몰려드는 '서퍼들의 성지'로 떠올랐다. 이곳은 서핑이 삶의 전부인 이들에게 하늘과 바다의 경계가 맞닿는, 그들의 광기가 실현되는 무대다.

한번 상상해보라. 무려 15미터가 넘는 파도 위로 몸을 던지는 사람들. 이 극한의 도전에 뛰어들면서, 서퍼들은 거의 수직에 가까운 파도를 타며 위험과 아찔하게 맞선다. 이 장관을 한 번이라도 직접 목격한 사람이라면, 그 마법 같은 순간을 결코 잊을 수 없을 것이다.

나자레는 자연이라는 거대한 힘에 도전하는, 무모한 용자들의 천국이다. 무엇이 이들을 이토록 숨 막히는 위험 속으로 이끄는 걸까? 시속 80킬로미터에 이르는 속도로 거대한 파도에서 미끄러지듯 떨어져 내릴 때, 그들의 머릿속에는 어떤 생각이 스칠까? 사람의 내면에 소용돌이치는 욕망의 근원이란 과연 무엇인지 곰곰이 생각해보게 된다.

아마도 나는 나자레의 거대한 파도에 맞설 용기를 평생

갖지 못할지도 모른다. 하지만 괜찮다. 나에게는 시속 50킬로미터의 강풍 속에서 골프를 치는 것이 가장 짜릿한 도전이다. 그 정도면 충분하다. 나자레의 서퍼들이 왜 그토록 거대한 파도를 갈망하는지 완전히 이해하지는 못할지라도, 우리의 정신이 교차하는 지점은 분명히 존재한다.

모든 잡념이 사라지고, 단 하나의 목표에 온전히 집중하게 되는 찰나의 순간. 그 몰입 속에서 만끽하는 기쁨이 바로 그것이리라.

당신이 상상할 수 있는 가장 외딴 골프장은 어디인가? 세상의 끝자락에 걸터앉은 듯한 코스를 떠올려보라. 인간의 손길과 자연의 광활함이 만나는 경계에 놓인 곳. 도심에서 멀어질수록 우리는 더 순수한 자연과 마주하게 된다. 이 단순한 진리는 골프장에도 그대로 적용된다. 적당히 손질된 그린과 거친 자연이 서로 조화를 이루며 하나로 녹아든 골프장은, 오직 그곳에서만 느낄 수 있는 순수한 감동을 골퍼들에게 선사한다.

그런 외딴 골프장에 도착하는 길은 결코 만만치 않다. 그러나 그 수고를 감수한 사람들은 말로 설명하기 어려운 유대감과 성취감을 공유하게 된다. 언어를 초월한 이때의 감정은, 힘든 여정을 충분히 보상해주는 선물이 된다.

예를 하나 들자면, 아일랜드 남서쪽 끝단의 워터빌

(Waterville Golf Links)을 말할 수 있을 것이다. 이곳까지의 여정은 녹록치 않다. 특히 미국이나 동아시아에서 온 방문객에게는 한층 더 험하게 느껴진다. 이런 외진 위치 덕분에, 전성기 시절의 찰리 채플린이 이곳을 여름 휴양지로 택했을런지도 모른다.

1936년, 찰리 채플린은 영화 〈모던 타임스〉를 위해 〈스마일(Smile)〉이라는 곡을 작곡했다. 이 멜로디에는 그가 세상을 바라보며 느꼈던 감정이 고스란히 실려 있다. 이후 1954년에 가사가 덧붙여졌는데, 이는 찰리 채플린의 내면을 그대로 반영하는 내용이었다.

"기쁨으로 얼굴을 밝히세요. 슬픔의 흔적은 모두 감추세요. 눈물이 가까이 있을지라도."

채플린은 세상의 시선으로부터 잠시라도 숨을 수 있는 은신처를 원했고, 워터빌은 그에게 딱 맞는 안식처가 되어주었다. 현지인들조차 그를 알아보지 못했을 정도로 워터빌은 세상에서 동떨어진 땅끝 마을이었다. 물론 지금은 마을 곳곳에 채플린의 초상화와 동상이 남아, 그가 머물렀던 흔적을 증언하고 있다.

밸리버니언에서 워터빌을 향해 N70 고속도로를 타고 이동하던 중이었다. 킬로글린에서 라운 강을 건넌 뒤, 원래 계획과는 다른 길로 접어들었다. 하지만 우연히 잘못든 그 길은 나를 세상에서 가장 아름다운 공간으로 이끌었다. 글렌카와 마스터기 사이에 자리한 발라기신 고개를 따라 넘으며, 문명의 손길이 닿지 않은 순수한 계곡을 관통하는 길이 펼쳐졌다.

오래된 목재 전신주 몇 개와 드문드문 보이는 도로 표지 외에는 인간의 흔적이라 할 만한 것이 없었다. 신비로운 외딴 풍경 속에 덩그러니 던져진 채, 세상과 완전히 단절된 듯한 고립감이 밀려왔다. 광활하고도 고요한 세상이었다.

고개 너머 계곡의 한가운데에 이르자, 자연의 경이로움에 온몸을 맡기고 싶은 충동이 일었다. 나는 차를 세우고 밖으로 나와 평화로운 풍경 속에 잠시 머물렀다. 언덕 위로 수많은 양과 염소들이 자유롭게 오르내리고 있었다. 청명한 공기는 몸과 마음을 구석구석 정화해주는 듯했고, 새로운 생기가 내 안으로 스며드는 기분이었다.

 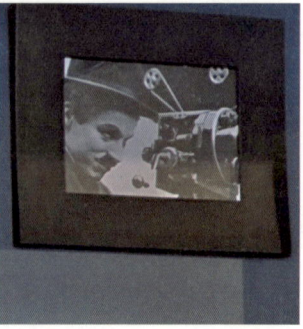

 그때 본 풍경과 느꼈던 감동을 그대로 저장했다가 원할 때마다 재생할 수 있다면 얼마나 좋을까. 아마 훗날에 다시 이곳을 찾는다 해도, 그 순간은 두 번 다시 찾아오지 않을 것이다. 돌이킬 수 없어서 더 벅차고 아련한 행복감이 조용히 밀려왔다가 사라졌다.

워터빌 마을의 풍경

Day 17

워터빌 골프 링크스
세상 끝단에서 즐기는
'플레잉 인 디 엘리먼츠'

위치: 아일랜드 케리 카운티, 워터빌
설계자: 에디 해킷, 톰 파지오
설립 연도: 1973년

다음 날, 워터빌에는 엄청난 강풍이 불었다. 아침 일찍 코스로 나갔다가 귀청을 울리는 바람 소리에 다들 기겁을 했다. 시속 40킬로미터가 넘는 바람과 함께 비까지 흩뿌리니, 이런 생각이 들었다.

'장대비 속에서 플레이했던 퐁텐블로나 샹티이는 양반이었네. 그땐 적어도 빗줄기를 피할 나무나 숲이라도 있었지. 여기는 사방이 탁 트인 갈대밭과 페스큐 러프뿐이잖아.'

공교롭게도 그날은 워터빌의 2023년 마지막 개장일이었다. 그래서였을까? 악천후에도 불구하고 코스는 외국에서 온 여행객들, 특히 미국인들로 붐볐다. 그 모습에 괜한

← 2번 홀: 미들 티 기준 파4, 405야드
→ 워터빌에서 가장 좋아하는 파3, 4번 홀

위로를 얻으며, 우리도 비장한 각오로 비바람을 뚫고 1번 홀로 향했다.

북대서양으로 뻗은 뾰족한 만에 위치한 첫 세 홀은, 바다로 연결된 실개천과 이니 강 어귀가 만들어낸 워터 해저드를 주의해서 플레이해야 했다. 예나 지금이나 몸이 덜 풀린 라운드 초반에 마주치는 우측 해저드는 여간 신경 쓰이는 존재가 아닐 수 없다. 지금은 '패널티 구역'이라는 명칭으로 바뀌었지만, 나는 여전히 '해저드'라고 부를 때 더 위협적이고 매력적으로 느껴진다.

워터빌에서 가장 좋아하게 된 홀은 파3, 4번 홀이었다. 길고 좁은 그린이 다양한 경사를 품고 있어 좌우의 모래언덕과 한 몸처럼 자연스럽다. 그린을 둘러싸고 보일 듯 말 듯 숨어 있는 벙커와 움푹 꺼진 치핑 구역은 이 홀의 난이도를 높이는 동시에, 매력을 더하는 훌륭한 조연 역할을 했다.

우리 팀은 거친 날씨 속에서도 흔들리지 않고 꿋꿋이

경기를 이어나갔다. 현지인들은 이렇게 다양한 기상 조건 속에서 링크스 코스의 상황에 순응하며 치는 골프를 'Playing in the elements'라 부른다. 이를 위해선 변덕스러운 날씨에 유연하게 대응하는 실력과, 흔들리지 않는 정신력이 필수다.

평소 같았으면 진작 클럽하우스로 대피했을 멤버들도 현지인처럼 묵묵히 '플레잉 인 디 엘리먼츠'를 실천하던 그때, 평생 처음 겪는 일이 필드에서 벌어졌다.

나는 14번 홀에서 앞서 플레이하고 있던 여성 골퍼 네 명이 페어웨이 언덕을 넘어 그린 쪽으로 이동하길 기다렸다. 티잉 그라운드에서는 그린이 보이지 않는 터라 충분한 간격을 두고 플레이해야 하는 상황이었다.

이윽고 캐디가 신호를 보내왔고, 나는 드라이버를 휘둘렀다. 헤드 정중앙에 맞은 공은 페어웨이 한복판을 가르며 언덕 너머로 사라졌다. 그날의 라운드 중 처음으로 만족할 만한 샷이었다.

조금 전까지 앞 조가 머물던 언덕 위로 올라가며, 당연히 페어웨이 가운데에 공이 있을 거라 생각했다. 그런데 내 공은 엉뚱하게도 오른쪽 러프 근처까지 굴러가 있었다. 아마도 경사진 페어웨이에 맞아 불규칙한 바운드가 생긴 것이리라 생각하면서 공을 향해 다가갔다.

 그런데 공과 점점 가까워질수록 뭔가 이상하다는 느낌이 들었다. 공이 마치 공중에 살짝 떠 있는 것처럼 보였기 때문이다. 가까이 다가가 들여다보는 순간, 머릿속이 멍해졌다.

 '어… 이게 뭐지?'

 내 공이 티 위에 올려져 있었던 것이다.

 잠시 후 '아하!' 하는 깨달음이 찾아왔다. 앞 팀의 여성 중 한 명이 내 공을 집어 티 위에 올려놓고 가버린 것이다. 아마도 내가 티샷을 날렸을 때 그녀는 언덕을 미처 내려가지 못한 상태였고, 공이 발치에 떨어졌던 게 아닐까? 그러니까 이것은 나름의 재치 있는 경고였다.

 "좀 살살 치자고요!"

 무척이나 길게 느껴졌던 라운드를 마치고 클럽하우스 레스토랑에서 쉬고 있을 때였다. 앞 팀으로 보이는 여성 골퍼 네 명이 옆 테이블로 와 자리를 잡았다. 그들은 또렷한 미국식 억양으로 이야기를 나누며, 그날의 무용담을 주

↑↑ 잊을 수 없는 워터빌의 14번 홀
↓ 대서양에 맞닿아 있는 17번 홀

고받았다. 듣자 하니, 아일랜드 전역을 돌며 골프 성지순례를 하고 있는 모양이었다.

그중에서 짧은 은빛 머리를 한, 오십 대 후반으로 보이는 여성이 눈에 띄었다. 허스키한 목소리와 에너지 넘치는 거침없는 제스처로 짐작해보건대, 왠지 골프 실력도 만만치 않을 듯했다. 워터빌 골프 링크스에서 장난스럽게 내 공을 티에 올려놓은 장본인이 바로 그녀라는, 알 수 없는 확신이 들었다.

빗속 라운드를 마치고 푸짐한 점심까지 먹고 나면, 몸이 한껏 노곤해져서 장거리 운전을 하기가 쉽지 않다. 해외 골프 여행객 대부분은 더블린 공항에 도착한 뒤 비행기를 갈아타고 워터빌, 밸리버니언, 트랄리(Tralee Golf Club)가 있는 케리 카운티까지 이동하지만, 아일랜드 전역을 둘러볼 계획이었던 나는 자동차 운전이 필수였다.

워터빌에서 더블린 근교의 포트마녹 리조트까지는 다섯 시간이 훌쩍 넘는 거리였다. 밤 10시쯤 일행과 함께 겨우 더블린 호텔에 도착했지만, 그날의 일정은 아직 끝나지 않았다. 일행 중 글로벌 원자재 회사에 근무하는 MK가 리스본에서 열리는 중요한 미팅에 갑작스레 참석하게 되어서, 예정에 없던 밤 비행기로 더블린을 떠나야 했던 것이다.

다음 날 포트마녹(Portmarnock Golf Club)에서 MK의 빈자리를 대신할 사람이 필요했다. 이미 수개월 전에 그린피를 지불한 상태였기에 누구라도 무료 골프를 원한다면 기회를 줄 수 있는 상황이었다. 내가 떠올린 대타는 마침 더블린에 살고 있는 마이클 로프터스였다. 지난번 내가 샹티이에서 플레이를 하던 중 길을 잃었을 때, 우연히 만나 마지막 일곱 개 홀을 함께 돌았던 골퍼 말이다.

그에게는 이미 사정을 설명해둔 터였다. 다가오는 금요일 아침 포트마녹에서 만날 수 있는지 물으니, 몇 시간 뒤 마이클에게서 답장이 도착했다.

"준, 이렇게 빨리 다시 만나게 될 줄은 몰랐어. 그것도 우리 동네 더블린에서 말이야. 초대해줘서 고마워. 토요일 아침에 보자!"

Day 18

포트마녹 골프클럽
레드/블루 코스

아일랜드 노신사의 품격을 보여주는 링크스

위치: 아일랜드 더블린 카운티, 포트마녹
설계자: 윌리엄 픽맨, 조지 로스, 먼고 파크, 조지 코번, 마틴 호트리
설립 연도: 1896년
2023 〈GOLF 매거진〉 세계 100대 코스 순위: 59위

무라카미 하루키는 에세이 《만약 우리의 언어가 위스키라고 한다면》에서 아일랜드의 본질을 이렇게 묘사했다.

"아일랜드의 문화와 땅에는 어딘가 수줍음이 있다. (…) 그것은 경외심이나 강렬한 인상보다는, 공감과 평온에 가까운 것이다."

아일랜드는 거칠면서도 매혹적인 풍경, 진중하면서도 따뜻한 사람들, 그리고 생기 넘치는 바람을 타고 온 공기를 간직한 나라였다. 포트마녹 골프클럽은 그런 아일랜드의 특성을 여실히 보여주는 곳이다.

  2005년에 처음 이 클럽에서 플레이했을 때는, 그 매력을 온전히 느끼지 못했다. 아마도 그 당시에는 다양한 샷을 구사하며 코스를 탐색할 만큼의 실력이 없었기 때문일 것이다. 하지만 18년이 지난 이번에는 달랐다.

  과거에는 미처 느끼지 못했던 코스의 미세한 변화를 구분할 수 있었고, 다양한 옵션을 조합하여 나만의 플레이를 시도해볼 수 있었다. 때로는 스코어 카드에 원치 않는 숫자를 적어야 했지만, 그와 무관하게 포트마녹 링크스 자체의 섬세한 굴곡과 코스가 만들어내는 기승전결의 흐름에 온전히 몰입했다.

  샹티이에서의 인연으로 이곳에 초대한 마이클, 그리고 벨기에에서 온 두 명의 골퍼들도 포트마녹 챔피언십 코스(레드/블루)가 선사하는 도전의 묘미를 만끽했다.

포트마녹 골프클럽은 고전적인 링크스 코스의 정수를 담고 있다. 코스 안팎의 풍경은 화려하지 않고, 그린은 과장된 경사 대신 대지의 완만한 흐름을 따르고 있으며, 지나치게 깊은 벙커도 없다. 겉으로 보기에는 영국 전역의 다른 링크스 코스들에 비해 좀 밋밋해 보일 수도 있지만, 열여덟 개 홀은 각기 다른 방식의 도전을 요구한다. 모든

↑ 2번 홀: 파4, 411야드
↓ 4번 홀: 파4, 474야드, 핸디캡 1번 홀

샷에 신중한 계획이 필요하며, 코스가 의도한 방식을 따르느냐에 따라 성공 여부가 갈린다.

특히 이곳의 그린은 'Less is more(간결할수록 좋다)'라는 진리를 잘 보여준다. 이는 모더니즘 건축의 거장, 미스 반 데어 로에(Ludwig Mies van der Rohe)의 철학이기도 하다. 포트마녹은 '불필요한 것을 제거함으로써 진정한 가치가 드러난다'는 진리를 증명하는 도전의 무대였다.

처음에는 단순해 보였던 코스는 라운드가 진행될수록 점차 그 복잡한 결을 드러냈다. 나는 그 과정이 마치 아일랜드 신사와의 대화 같다고 생각했다. 겉모습은 소박하지만 품위 있고, 목소리는 부드러우나 말 한마디 한마디에 날카로운 유머가 숨어 있는 노신사 말이다.

영국의 저명한 골프 작가이자 저널리스트였던 버나드 다윈은 "세상에서 포트마녹의 마지막 다섯 홀보다 더 뛰어난 마무리는 본 적이 없다"고 말했다. 나는 이 말에 전적으로 공감한다.

실제로 그날 나는, 마지막 다섯 홀 중 한 홀에서 버디를 기록하며 하루의

하이라이트를 장식할 수 있었다. 이것은 전적으로 캐디 오언 덕분이었다. 오언은 DP 월드 투어에서 캐디로 활동했던 베테랑으로, 단순한 캐디 이상의 존재였다. 라운드 내내 담배를 입에 문 채 코스를 누비며, 특유의 카리스마로 우리를 이끌었다.

홀이 거듭될수록 오언과 나는 더 가까워졌고, 그는 매 홀마다 열정적으로 조언을 건넸다. 내가 레이저 거리 측정기를 꺼내자, 그는 고개를 좌우로 흔들며 그런 건 링크스 코스에서 불필요하다고 말했다.

"자, 지금 우리가 어떤 샷을 앞두고 있는지 머릿속에 그림을 그려드릴게요. 그 그림을 상상하고, 그대로 쳐보세요."

오언은 내가 만난 캐디 중 가장 인상적인 인물이었다. 특히 512야드 거리의 까다로운 파5, 16번 홀에서 그의 진가가 빛났다.

오른쪽 러프에서 깃대까지 60야드가 남은 세 번째 샷 상황. 내가 52도 웨지를 달라고 하자, 그는 피칭 웨지를 건넸다.

"클럽은 절반만 빼고, 펀치 샷으로 내려찍듯 쳐야 해요. 임팩트는 깔끔하게, 손목은 쓰지 말고요. 깃대보다 10야드 왼쪽을 겨냥하면, 공이 그린 앞쪽에 떨어졌다가 경사를 타고 오른쪽으로 굴러 홀컵 근처로 갈 겁니다."

↑ 13번 홀: 파5, 565야드
↓ 15번 홀: 파3, 204야드

나는 그가 말한 대로 샷을 했고, 공은 거짓말처럼 홀컵 가까이에서 멈췄다. 샷을 끝내고 그린으로 걸어갈 때, 그는 나를 향해 싱긋 웃으며 엄지를 들어 보였다.

포트마녹에서 라운드를 마친 뒤, 나는 그날의 경험을 소셜미디어에 공유했다. 앞서 언급했던 아일랜드 노신사와의 대화에 빗대어, 예측 불가능하면서도 때로는 유머러스한 포트마녹 코스의 숨은 매력에 대해 얘기했다.

다음 날 아침, 일본에 거주하는 〈GOLF 매거진〉의 베테랑 패널, 마사 니시지마에게서 메시지가 도착했다.

"준, 멋진 설명 고마워요. 예전에 포트마녹을 방문한 일본 골퍼들이 이렇게 거만한 소리를 한 적이 있어요. 이런 밋밋한 링크스 코스가 〈GOLF 매거진〉에서 왜 그렇게 높은 평가를 받는지 이해가 안 된다고요. 그 말을 듣는 순간, 전 그냥 포기했어요. 아무리 설명해도 그들은 이해하기 힘들 거라 생각했거든요."

나는 이렇게 답했다.

"마사, 메시지 고마워요. 나는 그저 그 코스에서 느낀 감동을 솔직하게 전하려 했을 뿐이에요. 그리고 더 많은 한국 골퍼들이 포트마녹을 포함한 진정한 링크스의 매력을 알게 되길 바랍니다."

Day 19

유러피언 클럽
'벌받을 준비가 되셨나요?'
괴물 벙커가 준 유쾌한 벌칙

위치: 아일랜드 브리타스 베이
설계자: 팻 러디
설립 연도: 1993년

다음 날은 침목(枕木)으로 만든 벙커 벽으로 유명한 유러피언 클럽(The European Club)을 처음 방문하는 날이었다. 새로운 코스를 만난다는 사실 외에도 내가 설렐 수밖에 없는 이유가 있었다. 아침에 마이클 로프터스에게 듣기로는, 유러피언 클럽의 주인이자 아일랜드 최고의 코스 설계자, 팻 러디(Pat Ruddy)를 만날 수도 있다고 했기 때문이다. 로사 펜나의 샌디힐스 링크스와 밸리리핀의 글래셔디 링크스 모두 그의 작품이었다.

팻 러디는 현재 클럽하우스 2층에 거주하면서 이 클럽에 정성을 쏟고 있다고 했다. 골프를 치러 온 방문객들과도 거리낌 없이 대화를 나눈다고 하니, 내게도 그런 기회가 찾아왔으면 하는 기대감이 들었다.

여정의 19일차 아침, 나는 포트마녹 링크스 호텔을 떠나 남쪽으로 두 시간 거리의 브리타스 베이(Brittas Bay)에 위치한 유러피언 클럽으로 향했다.

클럽 입구에는 이곳의 상징인 커다란 고인돌이 서 있었다. 조형물을 지나 클럽하우스에 도착하니, 한 사람이 눈에 들어왔다. 2인승 카트에 앉아 직원들과 대화를 나누는 사람, 사진으로만 봤던 팻 러디였다. 그는 이른 아침부터 코스를 한 바퀴 돌기 위해 막 출발하려던 참이었다.

내가 가벼운 인사를 건네자, 그는 이렇게 말했다.

"좋은 시간 되세요. 벌칙에도 대비해야 할 거예요(Enjoy and be ready to be punished)."

코스의 명성과 그를 둘러싼 소문에 걸맞은 독특한 환영 인사였다. 나는 지금껏 사진에서만 봤던 코스를 경험하기 위해 1번 홀로 향했다.

골프코스에서 겪을 수 있는 '벌칙(Punishment)'이란 사실 겁이 나진 않는다. 골프 업계에 몸담은 지 20년, 그동안 세계 각국의 골프장에서 온갖 특이한 상황을 겪었고, 다양한 형태의 패널티도 겪

↑ 유러피언 클럽의 오프닝 홀
↓ 3번 홀: 파5, 505야드

어봤다. 솔직히 말하자면, 잘 설계된 코스에서 겪는 벌칙은 오히려 하나의 즐거움이 된다. 보상과 벌칙이 명확한 코스야말로 제대로 설계된 코스이기 때문이다.

1번 홀 티잉 그라운드에 섰을 때, 가장 먼저 나를 맞이한 것은 철도 침목으로 둘러싸인 페어웨이 벙커들이었다. 마치 골퍼들을 겁주려는 듯 음흉한 미소를 짓고 있는 괴물 같았다. 하지만 나는 그 괴물 같은 벙커들과, 팻 러디의 괴팍한 환영 인사에도 굴하지 않고 차분하게 경기를 이어갔다.

적어도, 13번 홀에 도달하기 전까지는 말이다.

해안가의 파5, 13번 홀은 브리타스 베이에서 몰아치는 강풍을 정면으로 맞받아야 하는 구도였다. 거리는 503야드로 비교적 짧지만, 러디 씨가 숨겨둔 함정들이 지뢰밭처럼 도처에 깔린 전장이었다. 결코 만만히 볼 홀이 아니었음을 나는 뒤늦게 깨달았다.

티샷은 완벽했다. 페어웨이에서 깃대까지 남은 거리는 220야드. 하지만 그린으로 가는 페어웨이 오른쪽에 버티고 있는 벙커가 문제였다. 결정적인 실수는 이곳에서 나왔다. 세컨 샷을 그린에 올리려는 욕심으로, 가파른 침목 벽으로 무장한 괴물 같은 벙커를 넘겨 그린을 곧바로 겨냥했던 것이다.

마람그래스에 걸린 골프공

하이브리드 클럽 페이스에 공이 맞는 순간, 아차 싶었다. 낮은 궤적을 그리며 날아간 공은 그대로 벙커 속으로 사라졌다. 까다롭지 않은 벙커 샷으로 파를 지킬 수 있으리라 생각했지만, 상황은 뜻밖의 난관으로 변해버렸다.

벙커에 도착했을 때, 모래 위에는 공이 지나간 흔적만 남아 있었고 공은 자취가 없었다. 당황해서 주위를 살펴보니, 가파른 침목 위로 길게 드리워진 마람그래스(Marram Grass) 사이에 공이 걸려 허공에 떠 있는 것이 보였다.

골프를 시작한 후 처음 보는 기이한 광경이었다. 벙커 바닥을 빠른 속도로 굴러간 공이 침목 벽을 타고 올라서 억센 잔디 사이에 걸린 것이 분명했다. 다시 해보라고 해도 도저히 재현할 수 없는 장면이었다. 이런 게 바로 러디 씨가 말했던 '벌칙'인가 싶어 헛웃음이 나왔다.

이글이나 손쉬운 버디를 노리던 내가 결국 더블보기로 홀아웃하기까지 어떤 과정을 겪었는지는 굳이 설명하지 않겠다. 다만, 그 모습을 러디 씨가 보지 않았다는 사실을 위안 삼았을 뿐이다. 패배감은 훌훌 털어내고서 쿨하게 웃으며 다음 홀로 걸음을 옮겼다.

라운드를 마치고 클럽하우스에 들어가니, 러디 씨가 날 기다리고 있었다. 우리는 레스토랑으로 자리를 옮겼다. 부드러운 거품으로 덮인 기네스를 마시며 그가 추천한 클럽의 시그니처 메뉴인 달콤한 애플파이도 맛보았다. 한 시간 넘도록 꼬리에 꼬리를 문 골프 이야기가 계속되던 중, 그는 위층에 있는 자신의 서재를 보여주겠다고 했다.

↑ 부메랑 형태의 13번 홀 그린
↓ 16번 홀: 파4, 426야드

 그곳에서 그는 유러피언 클럽의 골프장 부지를 찾던 시절의 재미있는 일화를 들려주었다. 1980년대 말, 그는 아일랜드 해안을 따라 이상적인 링크스 코스 부지를 찾기 위해 헬리콥터를 빌렸다. 더블린에서 출발해 반시계 방향으로 북쪽부터 탐색을 시작했는데, 알고 보니 이것은 잘못된 선택이었다. 만약 시계 방향으로 남쪽을 향해 돌았다면

팻 러디의 서재

20분 만에 찾았을 땅을, 반대로 도는 바람에 2주 이상의 시간을 소모하며 비용도 엄청 들였다는 것이다. 지금 생각해도 어이없다는 듯 그는 웃음을 지었다.

시간은 순식간에 흘러 어느덧 네 시간이 훌쩍 지났다. 라운드보다도 더 긴 시간을 러디 씨와 함께 보내고서, 나는 깨달았다. 팻 러디에게 골프장 설계란 곧 예술이며, 그는 자연과 함께 작업하는 예술가라는 사실을.

유러피언 클럽에서의 하루를 마친 뒤, 저녁 9시쯤 오언을 만나기 위해 호텔을 나섰다. 목적지는 메리온 거리에 있

부채에 쓰인 붓글씨의 의미, 'Never Up, Never In'.

는 오도너휴스(O'Donoghue's)였다. 이곳은 더블린에서 가장 오래된 펍으로, 토요일 저녁이었던 그날은 마침 아일랜드와 스코틀랜드의 럭비 월드컵 경기가 열리는 날이라 실내는 응원 열기로 가득했다. 나는 빽빽한 인파를 뚫고 두 번이나 구석구석을 돌아봤지만 오언은 보이지 않았다. 혹시 어제 포트마녹에서 라운드를 마친 뒤 내가 건넨 5만 원짜리 지폐가 마음에 들었던 걸까?

어떻게 된 상황인지 설명하자면, 하루 전으로 돌아가야 한다. 아일랜드에서는 캐디 피로 보통 60유로를 지급하고, 여기에 팁을 더해 총 80유로 정도를 건넨다. 한화로는 약 13만 원. 한 명의 캐디가 골퍼 한 명의 백을 메고 반나절을 함께할 때의 비용으로, 스코틀랜드나 잉글랜드에서

는 캐디 피가 이보다 조금 더 높다.

하지만 그날 포트마녹에서 나는 현금이 부족했다. 리스본으로 떠난 MK를 위해 캐디를 예약한 터라, 내가 비용을 지불할 상황은 예상하지 못했고 지갑엔 50유로뿐이었다.

라운드 후 나는 오언에게 솔직하게 얘기했다. 차를 몰고 인근 마을의 ATM기에서 현금을 더 뽑아 오거나, 아니면 35유로 정도의 가치가 있는 5만 원권 한국 지폐를 주겠다고. 그러면서, 그가 꼭 한 번 들러보라고 추천한 오도너휴스 펍에서 보자고 제안했다. 원한다면 그때 유로로 바꿔주겠다는 약속도 덧붙였다.

오언은 흔쾌히 그러자며 토요일 저녁 오도너휴스에서 다시 만나 골프 이야기를 더 나누고 싶다고 했다. 결국 우리는 다시 만나지 못했지만, 이 자리를 빌려 아일랜드의 가장 인상적인 캐디, 오언에게 감사를 전하고 싶다.

"오언, 포트마녹에서의 잊지 못할 하루, 정말 고마웠어요. 5만 원짜리 지폐는 잘 간직해주세요!"

Day 20

더블린 둘러보기

Day 21

아일랜드 골프클럽
바다 건너 나룻배로 오갔던
130년 전통의 링크스

위치: 아일랜드 더블린 카운티, 도너베이트
설계자: 프레드 W. 호트리, 에디 해킷, 마틴 호트리, 매켄지&에버트
설립 연도: 1890년

아일랜드를 떠나기 전 마지막 라운드는 아일랜드 골프클럽(The Island Golf Club)에서 하기로 했다. 로열 더블린(Royal Dublin Golf Club)을 포함해 가보지 않은 몇 곳을 고민하던 중, 아일랜드 출신 친구 한 명이 조언을 해주었다. 굳이 멀리 갈 필요 없이, 가까운 곳에 130년 전통의 명문 코스가 있다는 것이다. 이름마저 '아일랜드 골프클럽'인 이곳을 들르지 않고는, 아일랜드 골프 여행을 다녀왔다고 말하기 어려울 것 같다는 생각도 들었다.

결과적으로 그 선택은 탁월했다. 코스 자체도 훌륭했지만, 우연히 동행하게 된 미국인 골퍼 덕분이기도 했다.

아일랜드 골프클럽은 더블린 도심에서 불과 25분 거리에 있는데도, 마치 링크스 해안의 가장 거친 모래언덕 한가운데에 들어선 듯한 느낌을 줬다. 몇몇 홀은 포트스튜어트나 세인트 패트릭스 링크스에서 느꼈던 웅장함마저 갖추고 있었다.

도시와 불과 몇 분 거리인 이곳에, 이렇게 완벽한 링크스 코스를 만들 땅을 발견한 이들은 누구였을까?

1890년, 아일랜드인 열 명에 의해 설립된 이 클럽은 브로드메도우 강이 바다와 만나는 지점, 말라하이드 선착장 맞은편의 작은 섬 위에 자리하고 있다.

개장 이후 처음 80년 동안, 골퍼들을 섬으로 실어 나르던 유일한 교통수단은 나룻배였다. 라운드를 마친 골퍼들은 클럽하우스 지붕 위에 흰색과 붉은색 접시를 걸어 뱃사공에게 신호를 보냈다고 했다. 1973년, 말라하이드와 섬

↑ '포틀레인' 4번 홀: 파3, 156야드
↓ '데저트' 홀의 넓게 펼쳐진 페어웨이

을 잇는 도로가 놓이면서 골프장의 나룻배 서비스는 역사 속으로 사라졌지만, 이 특별한 장면을 언젠가는 다시 한 번 복원할 가치가 있다고 느꼈다.

2003년, 미국 조지아 주 레이놀즈 플랜테이션에서 클럽하우스로 향하던 어느 아침의 기억이 떠오른다. 나는 숙소에서 골프백을 메고 선착장으로 나가 모터보트에 올랐다. 아침 햇살에 반짝이는 오코니 호수를 건널 때, 새들은 잔잔한 수면 위를 스치듯 날고 있었다. 130년 전의 아일랜드인들도 같은 장면을 바라보며 행복에 젖지 않았을까?

해마다 한두 번쯤, 특별한 기념일에 말라하이드 선착장에서 보트를 타고 클럽에 도착하는 행사를 열면 어떨까 하는 생각을 해본다. 복고풍 플러스포(무릎 아래로 4인치 내려오는 영국의 남성복 바지)를 입고 히코리 클럽이 든 가방을 짊어지고 보트에서 내리는 골퍼들. 이런 장면은 그 자체로 클럽의 전통이 될 수 있지 않을까?

아일랜드 골프클럽의 첫 세 홀은 골퍼를 단숨에 도시의 소란함에서 벗어나게 해준다. 거대한 모래언덕 사이에 위치한 1번 홀 그린을 향해 플레이할 때면, 하루가 특별한 경험으로 채워질 것 같은 희망이 피어오른다.

4번 홀에 이르면, 굽이치는 해안선과 수평선이 맞닿는 숨 막히는 절경이 펼쳐진다. '포틀레인(Portlane)'이라 불리

↑↑ 14번 홀: 아일랜드에서 가장 좁은 페어웨이
↑ 강 너머 말라하이드를 내려다보는 14번 홀 티
↓ 14번 홀 '올드 클럽하우스' 그린

는 아름다운 파3 홀이다.

링크스 코스에서만 느낄 수 있는 이런 감동은 6번 홀 '데저트(Desert)'에서도 이어진다. 페어웨이 랜딩 존이 언덕 너머, 시야에서 완전히 가려진 곳에 위치하기 때문에 자신의 스윙을 믿고 블라인드 티샷을 해야 한다. 알 수 없는 곳으로 떨어졌을 공을 찾아 페어웨이로 이어지는 언덕에 올라서면, 눈앞에 광활하고도 웅장한 링크스의 풍경이 펼쳐진다. 그 드넓은 대지를 내려다보며 내가 쳤던 공을 찾는 과정은 골프만이 선사할 수 있는 즐거운 경험이다.

후반 9홀 중 특히 인상 깊었던 두 홀은 11번 홀 '크리켓 필드(Cricket Field)'와 15번 홀 '프레리(Prairie)'였다. 독특한 형태의 그린이 주변 벙커 및 지형과 어우러져 입체적인 조화를 이루며, 마치 정교한 조각 작품을 감상하는 듯한 즐거움을 안겨주었다.

반면 클럽이 자랑하는 14번 홀은 뭔가 이질적으로 느껴졌다. 이 홀은 아일랜드에서 가장 좁은 페어웨이로 유명한데, 그 폭이 고작 20미터에 불과하다. 코스 전체의 웅장한 스케일과 확연히 대비되어 자연스러워 보이지가 않았다. 플레이하는 동안 '내가 이 홀의 디자인을 개선할 수 있다면 어떻게 할 것인가.' 하는 생각을 해보기도 했다.

결과적으로, 아일랜드 골프클럽에서의 라운드는 정말

멋진 경험이었다. 특히 샌프란시스코에서 온 마이클 오도넬과 함께한 라운드라서 더욱 특별했다.

마이클은 놀라운 이력을 지닌 인물이다. 실리콘밸리의 상업용 로봇 회사에서 CFO로 재직하며 성공적인 매각을 이끌었고, 현재는 안식년을 맞아 선친의 고향인 아일랜드에서 골프 여행을 즐기는 중이었다. 대학 시절에는 UC 버클리에서 미식축구 쿼터백으로 활약했으며, 실리콘밸리에서 일할 당시에는 CEO들 사이에서 핸디캡이 가장 낮은 골퍼로 꼽히기도 한, 그야말로 다재다능한 사람이었다.

마이클과 나는 코스를 걸으며 골프와 여행, 그리고 인생 전반에 대한 이야기를 나눴다. 라운드 중반쯤, 그가 나를 바라보며 이렇게 말했다.

"준, 나는 늘 친구들에게 나보다 골프를 더 좋아하는 사람은 없을 거라고 말했는데, 오늘 이후로는 그런 말 못 하겠네요. 정말 대단해요."

우리는 클럽하우스에서 맥주 한잔과 샌드위치로 점심을 함께했다. 작별 인사를 나누는 순간,

마이클은 자신의 이름과 연락처가 적힌 스코어 카드를 건네며 나를 샌프란시스코로 초대했다.

"샌프란시스코에 오면 꼭 연락 주세요. 함께 한두 라운드 치죠. 제가 회원으로 있는 올림픽 클럽(The Olympic Club)으로 초대할게요."

마이클 오도넬과 헤어지면서, 나의 아일랜드 여정도 막을 내렸다.

같은 날 저녁 더블린 공항에서 비행기를 기다리며, 아일랜드와 북아일랜드에서 보낸 시간을 되돌아보았다. 2005년 처음 이 땅을 밟은 이후, 내 삶에는 크고 작은 변화들이 있었다. 그 모든 변화 속에서도 내가 놓지 않았던 하나는 골프와 이어진 끈이었다. 그리고 그 끈 덕분에, 다시는 돌아오지 못할 줄 알았던 아일랜드를 새로운 시선으로 마주할 수 있었다.

에든버러행 비행기를 기다리며 나는 다시 U2의 〈With or Without You〉를 들었다. 18년 전, 벨파스트에서 스코틀랜드로 향하던 페리 안에서 그랬던 것처럼.

소중한 학창 시절의 추억이 깃든 에든버러는, 어떤 모습으로 나를 맞아줄까?

매일 아침 아서의 왕좌(Arthur's Seat)를 지나 로열 마일까지 가는 버스 안에서 바라보던 풍경, 캔들메이커 로우와

헤이마켓, 브런츠필드 링크스(Bruntsfield Links)를 걸으며 떠올렸던 수많은 생각들, 심지어 맛없기로 악명 높았던 옛 학교의 구내식당까지. 나는 그 모든 공간과 추억을 다시 방문할 준비가 돼 있었다.

더블린 공항에서 두 시간이나 연착된 끝에 도착한 에든버러는 이미 밤늦은 시간이었다. 공항에서 빌린 렌터카를 몰고 시내로 들어와, 로리스턴 플레이스에 위치한 호텔에 짐을 풀었다. 로비의 바는 막 문을 닫기 직전이었다. 카운터 마감을 하던 아시아계 여직원에게 맥주 한 병을 부탁했다. 지친 내 모습이 안쓰러웠던 걸까? 그녀는 "딱 한 병만"이라며 친절하게 주문을 받아주었다. 스코틀랜드보다는 한국식 영어에 더 가까운 듯한 그녀의 억양이 낯설지 않게 느껴졌다.

불 꺼진 바 한구석에서 마신 골든 에일 한 병은 긴 하루의 마침표로 완벽했다. 방으로 올라가 피곤한 몸을 침대에 눕혔다. 내일은 이른 아침, 에든버러 동쪽에 있는 이스트 로디언으로 차를 달려 노스 베릭 골프클럽(North Berwick Golf Club)에 가야 한다. 과거의 추억을 더듬으며 이런저런 생각에 잠기던 중, 창밖으로 날카로운 구급차 사이렌 소리가 들리는가 싶더니, 이내 깊은 잠에 빠져들었다.

Day 22

노스 베릭 웨스트 링크스

상상을 초월하는 '템플릿 홀'로 가득한 스코틀랜드의 보물

위치: 스코틀랜드 노스 베릭
설계자: 데이비드 스트라스
설립 연도: 1895년
2023 〈GOLF 매거진〉 세계 100대 코스 순위: 30위

22일째 되는 날, 나는 동이 트기도 전에 일찌감치 에든버러를 출발해 노스 베릭으로 향했다. 스코틀랜드 유학 시절 가장 좋아했던 링크스 코스인 이곳에서, 오랜만에 현지 친구들과 라운드를 함께하기로 했기 때문이다.

아침 7시, 노스 베릭에 도착해 하이 스트리트에 차를 세우고 그렉스 베이커리로 들어섰다. 아직 어둠이 남아 있는 거리에는 청소차 뒤를 따르며 분주히 움직이는 인부들 외엔 인적이 없었다. 그렉스 베이커리만이 유일하게 불이 켜진 곳이었다. 안에는 유니폼을 입은 카운터 직원과, 숙취를

달래러 온 듯한 중년 남성이 전부였다. 나는 익숙하게 카운터로 다가가 소시지 롤과 따뜻한 커피를 주문했다.

영국에서 살아본 사람이라면 소시지 롤을 잘 알 것이다. 제과점, 슈퍼마켓, 주유소, 편의점은 물론이고 학교 매점이나 경기장에서도 쉽게 사 먹을 수 있는 국민 간식이다. 우리나라로 치자면 삼각김밥이나 사발면 정도에 비할 수 있을 듯하다.

골프복 차림으로 창가 테이블에 앉아 커피를 홀짝이는 아시아 남자가 낯설었는지, 막 가게에 들어선 커플 한 쌍이 쳐다본다. 그러나 내 시선은 다른 곳에 머물러 있었다. 벽에 걸린 흑백 사진 한 장. 그 속에는 포스 만(Firth of Fort)의 배스 록(Bass Rock)이 담겨 있었다. 2008년에 마지막으로 봤던 배스 록을, 이제 곧 다시 마주하게 될 터였다.

1번 홀 옆 스타터 하우스의 시계가 오전 8시에 가까워

노스 베릭 웨스트 링크스

지자, 익숙한 얼굴들이 하나둘 도착했다. 5년 전 한국에서 알게 된 사이먼 홀트와 데이비드 존스, 그리고 소셜 미디어를 통해 인연을 맺은 팀 갤런트와 함께, 오전 포볼 경기를 시작했다.

2023년 미국 〈GOLF 매거진〉이 선정한 세계 100대 코스 중 30위에 오른 노스 베릭 웨스트 링크스는, 내가 에든버러에서 학창시절을 보낸 2005년만 해도 100위 안에도 들지 못했던 숨은 보석 같은 코스였다. 2007년에 들어서야 98위로 이름을 올리며, 미국을 포함한 전 세계 골프 마니아들로부터 뒤늦게 주목을 받기 시작했다.

그 시절 노스 베릭 웨스트 링크스를 자주 찾아 플레이했고 그 가치를 잘 알고 있었던 나로선 과거의 이런 상반된 평가가 지극히 미국 중심적인 사고의 결과라고 생각되었다. 디 오픈과 같은 메이저 대회를 치르지 못한 이력 때문에 과거에는 매스컴의 주목을 받지 못했지만 뒤늦게나마 그 가치를 인정받게 되어 다행이라 생각되었다.

여러 번 라운드한 경험이 있음에도 웨스트 링크스는 여전히 까다로운 코스였다. 특히 사이먼과 팀 갤런트처럼 코스를 손바닥 보듯 훤히 알고 있는 회원들과 보조를 맞춰야 했기에 더욱 그랬다.

우리는 골프백을 메고 코스를 걸어 단 세 시간 만에 라

↑↑ 1번 홀 '포인트 게리(아웃)': 파4, 322야드
↑ 2번 홀 '씨(Sea)': 파4, 433야드
↓ 3번 홀 '트랩': 파4, 459야드

운드를 마쳤다. 그들의 놀라운 플레이 속도에 감탄하면서도, 어쩐지 아쉬움이 남았다. 클럽하우스 2층 바에서 가벼운 점심이 끝나갈 무렵, 나는 사이먼에게 오후에 한 번 더 라운드를 할 수 있을지를 물었다. 그는 내 요청을 기꺼이 클럽 측에 전해주었고, 덕분에 나는 혼자 남아 여유로운 오후 라운드를 즐길 수 있었다.

2004년 처음 방문했던 노스 베릭 웨스트 링크스는, 당시의 나에게는 세인트 앤드루스 올드 코스에 이어 생애 두 번째로 플레이한 링크스 코스였다. 미국의 잘 정돈된 인공적인 코스에 익숙했던 내게, 웨스트 링크스는 골프코스에 대한 개념 자체를 뒤흔들 만큼 충격적이었다.

첫 홀인 '포인트 게리(아웃)'부터 그랬다. 티잉 그라운드에서 220야드 떨어진 지점에 페어웨이를 가로지르는 산책로가 있는데, 티샷을 할 때는 이곳이 보이지 않는다. 이 때문에 캐디 없이 처음 플레이하는 골퍼들은 당황스러운 상황을 만나기도 한다. 공이 낮게 파인 산책로를 굴러 불규칙한 바운드를 만들기도 하고, 이 길을 지나는 동네 사람들과 마주쳐 깜짝 놀라기도 한다.

2번 홀 '씨(Sea)'에서 처음 플레이했을 때는, 오른쪽 해변을 가로지르는 과감한 드라이버 샷을 날리려던 순간, 개를 데리고 산책하던 사람들이 아무렇지 않게 내가 서 있던 방향으로 걸어와 놀라게 한 적도 있었다.

그다음 홀인 '트랩(Trap)'에서는 페어웨이를 가로지르는 돌담을 넘겨 어프로치 샷을 해야 했고, 그린으로 가기 위해선 돌담 사이의 작은 통로를 지나야 했다. 이어지는 세 홀 역시 특색 있는 굴곡과 숨겨진 도랑 같은 해저드가 있었지만, 앞선 오프닝 홀들에 비하면 상대적으로 단순하게 느껴졌다.

후반부에는 클럽하우스로 돌아가는 여정에서, 마침내 악명 높은 13번 홀 '피트(Pit)'와 마주했다.

지금은 인터넷과 소셜 미디어를 통해 잘 알려져서 이 홀의 독특한 사진을 누구나 쉽게 찾아볼 수 있지만, 20년 전만 해도 직접 플레이해본 이들의 무용담이 전부였다. 페어웨이에서 그린을 공략하려면, 좌측에 길게 쌓여 있는 낮은 돌담, '하하 월(Ha-Ha Wall)'을 넘겨야 한다. 그린은 돌담 너머 거대한 모래언덕 앞에 구덩이처럼 움푹하게 자리잡고 있어, 남은 거리의 계산을 조금이라도 잘못하면 공이 돌담에 맞고 튕겨 나오거나 그린 뒤편 모래언덕 너머로 사라지고 만다. 이 홀을 처음 봤을 때는 그저 놀라울 따름이었지만, 시간이 지날수록 묘하게 정이 들었다. 그리고 어느 순간부터는 이 까다로운 홀에서 첫 버디를 잡아보겠다는 도전 자체를 즐기게 되었다.

← '피트'의 하하 월
→ '퍼펙션'의 이정표

'피트'를 무사히 마치면, 14번 홀 '퍼펙션(Perfection)'이 기다리고 있다. 그 이름처럼, 공을 그린에 올리려면 홀의 지형과 구조를 속속들이 파악한 뒤 티샷과 블라인드 어프로치 샷을 완벽하게 해내야 한다.

첫 번째 관문은 좁은 페어웨이인데, 가파른 경사와 교묘하게 배치된 벙커들이, 거리 계산이 조금이라도 어긋난 티샷을 가차 없이 삼켜버린다. 이어지는 두 번째 샷은 비스듬한 능선을 넘겨, 그린 뒤편에 꽂힌 기다란 흰색 표지판을 겨냥해 날려야 한다. 이름 그대로, 이 홀에서 '완벽'에 도달하기란 결코 쉬운 일이 아니다.

다음으로 이어지는 15번 '레단(Redan)' 홀은, 세계에서 가장 유명한 파3 홀로 꼽힌다. 외지인들은 '레단'이나 '피트' 같은 이른바 '템플릿 홀(template hole)'을 신성시하며, 세계적인 설계자들이 이를 모방하는 것에 대해 왈가왈부하곤 한다. 재미있는 사실은, 현지인들은 이것에 대해 별 대수롭지 않은 반응을 보인다는 것이다. 그들에게 이런 홀들은 나 같은 골프 순례자들이 칭송하는 클래식의 정수가 아니라, 그저 매일같이 플레이하는 평범한 골프 홀이기 때문이다.

'레단'을 지나 16번 '게이트(Gate)' 홀에 이르러, 앞서 플레이하던 두 명의 여성 골퍼와 합류하게 되었다. 티샷을 마친 뒤, 도랑 위의 작은 다리를 건너 페어웨이로 향하던 중에 금발의 여성이 나에게 물었다.

"이 홀, 어떻게 생각하세요?"

어딘가 냉소가 섞인 말투였다. 나는 되물었다.

"혹시 이 홀의 독특한 더블 플래토(Double Plateau) 그린을 말씀하시는 건가요?"

그녀는 이렇게 말했다.

"전 이 홀, 좀 어이없다고 생각해요. 레이디 티에서 그린에 두 번 만에 도달하는 건 거의 불가능하거든요. 여자들의 경우에는 있는 힘을 다해서 드라이버로 번(Burn, 개울)을 넘긴 다음, 다시 롱 아이언으로 작고 까다로운 그린을 완벽하게 공략해야 하죠. 여기서 '파'를 한다는 건, 말 그대로 하늘의 별 따기예요."

그 말을 듣고 보니, 나에게는 특별하고 아름답게만 느껴

'레단', 세계에서 가장 유명한 파3 홀

졌던 홀이 누군가에겐, 특히 여성이나 초보자들에게는 불합리할 정도로 어려울 수 있겠다는 사실을 처음으로 깨달았다.

잠시 생각을 가다듬은 뒤, 나는 이렇게 말을 이어갔다.

"무슨 말인지 이해해요. 그런데 이런 비유는 어떨까요? 만약 누군가가 런웨이의 오트 쿠튀르 룩을 그대로 입고 거리를 활보한다면, 사람들은 아마 이상하게 보겠죠. 왜냐하면 오트 쿠튀르는 단순한 옷이 아니라 하나의 '개념'이니까요. 다양하게 해석할 수 있는 하나의 예술적 실험이잖아요. 우리가 평상시에 입을 수 있는 '실용적이면서도 아름다운' 옷들은 이런 실험의 결과를 통해 만들어지는 게 아닐까요?

저는 이 홀의 그린도 마찬가지라고 생각해요. 누군가에겐 비합리적으로 어렵게 느껴질 수 있다는 것은 저도 공감합니다. 하지만 그 독창성 덕분에 전 세계 수많은 코스에

↑ '게이트'의 더블 플래토 그린
↓ 노스 베릭을 함께한 레이디 골퍼

영향을 끼치는 특별한 그린이 된 거죠. 말하자면, 이건 골프 그린의 오트 쿠튀르인 셈이에요."

깊은 계곡을 사이에 둔 두 개의 고원으로 이루어진 그린을 향해 걸을 때쯤, 내 긴 설명을 들은 그녀가 말했다.

"지금까지 이 홀에 대해 들은 설명 중 최고였어요."

내가 게이트 홀의 페어웨이에서 더블 플래토 그린을 향

해 날린 세컨 샷은, 깃대가 꽂힌 뒤쪽 고원까지 미치지 못하고 그린 앞쪽에서 멈췄다. 두 고원 사이의 깊은 골짜기를 가로질러 홀컵 근처에 공을 붙이려면, 그린의 굴곡을 정확히 읽어내야 했다. 고민에 빠진 나에게 그녀는 주저없이 말했다.

"홀컵을 겨냥해서 똑바로 쳐보세요."

나는 그녀의 말을 따랐고, 게이트 홀에서 처음으로 파를 기록했다.

노스 베릭은 내 마음속에서 특별한 자리를 차지하고 있다. 이곳은 매번 다른 얼굴을 보여준다. 플레이할 때마다 내 상상력을 새로운 방식으로 자극하는, 기분 좋은 촉매와 같은 곳이다. 때로는 괴짜 같은 모습으로 나를 힘들게 하기도 하지만, 언제 그랬냐는 듯 뜻밖의 행운을 안겨주곤 한다. 상상력이 풍부한 예술가 친구와 보내는 하루가 아마도 이런 느낌일 것이다. 이 친구가 다음에 어떤 말을 하고 어떤 행동을 할지는 결코 예측할 수 없다. 다만, 한 가지 확실한 것은 그와 함께할 하루는 언제나 상상을 뛰어넘는 즐거움으로 가득하리라는 것이다. 자주 만나도 지겹지 않은 유쾌한 친구. 노스 베릭 웨스트 링크스는 그런 곳이다.

클럽하우스에서 바라본 18번 홀 그린 전경

Day 23

브레이드 힐스 골프코스

언제든 반겨주는 다정한 친구 같은 퍼블릭 코스

위치: 스코틀랜드 에든버러
설계자: 밥 퍼거슨, 피터 매큐언
설립 연도: 1893년

40일간의 골프 여행이 반환점을 돈 지도 사흘이 지났다. 이날은 에든버러와 걸레인의 두 골프장을 돌고, 저녁에는 18년 만에 옛 친구들과의 만남까지 예정된, 빡빡한 일정이었다.

에든버러 성 남쪽에 위치한 로리스턴 플레이스의 호텔에서 출발해 브런츠필드와 모닝사이드를 지나 브레이드 힐스 골프코스(Braid Hills Golf Course)까지는 차로 단 10분 거리였다. 이곳 골프장은 여행객이나 코스 비평가들에겐 알려지지 않은 숨은 맛집 같은 곳이다.

본격적인 하루를 시작하기 전, 전날 저녁 미리 알아봐

7번 홀의 가시금작화 들판

둔 주유소에 들러 연료를 가득 채우고 음료수와 샌드위치를 샀다. 지난번 프랑스 고속도로에서 겪었던, 악몽 같은 순간을 다시 마주하고 싶지 않았기 때문이다.

내가 이 소박한 퍼블릭 골프장, 브레이드 힐스를 다시 찾은 이유는 이곳이 스코틀랜드에서 살았던 2년 동안 가장 많이 플레이했던 코스였기 때문이다.

40일간의 여정을 떠나기 전, 나는 소셜 미디어에 이 계획에 대해 포스팅했다. 유럽, 아일랜드, 영국을 돌며 40일 동안 40곳의 각기 다른 골프코스를 플레이할 예정이라고 하니, 수많은 댓글이 달리기 시작했다. 특히 가까운 친구들은 여행에 대한 조언을 아끼지 않았고, 여행이 시작된 뒤에는 내가 올린 코스 리뷰에도 댓글을 달며, 내가 방문

Refreshment rooms, easter Braid Hills (known as
"Winchestrs" by golfing patrons)
Photograph by R. A. Rayner

할 새로운 코스에 대한 단상이 올라오길 기다렸다.

전날 밤에는, 브레이드 힐스 골프코스에 대한 질문을 올렸다. 이 골프장이 어디 있는지 정확히 맞힌 사람은 존 코니시였다. 그는 호주 골프의 중심지인 멜버른에 살고 있으며, 미국 〈GOLF 매거진〉의 '세계 100대 코스' 선정위원으로 활동 중이다. 2024년 1월을 기준으로, 세계 100대 코스를 모두 플레이한 전 세계 61인 중 한 명이기도 하다.

그는 이렇게 댓글을 남겼다.

"브레이드 힐스는 에든버러 시 남쪽 경계에 있어. 시내 중심에서 차로 15분 정도 거리일 거야. 도심 전망이 멋진 퍼블릭 골프장이지. 그런데 준, 왜 거길 선택했어? 이스트 로디언에는 다른 훌륭한 코스들도 많은데, 꽤 독특한 선택

↑↑ 4번 홀 그린에서 바라본 에든버러 전경
↑ 14번 홀, 좌우로 갈라진 페어웨이
↓ 언덕 위에 자리한 17번 홀 그린

􀁹 브레이드 힐스 골프코스

이네."

나는 이렇게 답했다.

"존, 오늘 오후엔 에든버러 시절의 옛 친구들과 킬스핀디(Kilspindie Golf Club)에서 라운드를 하기로 했어. 내 미국 친구가 거기 회원이거든. 마침 오전 시간이 비어 있어서, 2004년에 자주 찾던 브레이드 힐스에 다시 가보면 재미있을 것 같아. 여기는 가시금작화가 풍성하고 아름다운 곳이야. 가파른 경사에 날카로운 가시나무 해저드가 있어서, 샷의 정확도가 중요해. 거기에 가면 18년 전, 내가 골프코스 설계 공부를 막 시작했던 때를 추억할 수 있을 것 같아."

브레이드 힐스로 가는 길은 유난히 친근하게 느껴졌다. 예전에 살았던 헌팅던 플레이스에서 이곳까지 오기 위해 타곤 했던 빨간색 2층 버스 대신, 이번에는 안락한 아우디 SUV를 몰고 왔다. 이 언덕 위에서 마지막 라운드를 했던 때로부터 어느덧 18년. 그 추억의 공간으로 가는 길이 설레었다.

2005년 가을, 이곳에서 마지막 라운드를 치른 뒤 에든버러를 떠났고, 그 후 내 커리어는 여러 방향으로 가지를 뻗었다. 골프장 설계와 시공, 대회 운영, 저널리즘, 골프인문학 강의, 세계 100대 코스 평가와 40일간의 골프 성지 순례까지.

이제 나는 한층 유연한 스윙을 구사하고, 코스 설계와 역사에 대한 이해도 깊어졌으며, 무엇보다 내가 원하는 방식과 속도로 삶을 살아가고 있음을 느낀다.

세월의 변화를 안은 채로 브레이드 힐스에 돌아왔다는 사실은 벅찬 감정을 불러일으켰다. 코스는 여전히 아름다웠고, 여전히 까다로웠다. 세계적인 설계자가 만든 유서 깊은 명문 클럽은 아니지만, 가벼운 점심 한 끼 값으로 즐길 수 있는 만인의 골프코스에서 옛 추억을 더듬어보는 경험은 특별했다.

텅 빈 코스를 누구보다 먼저 걸으며, 홀로 한 홀 한 홀 열어가는 그 행복감도 변함없었다. 이제는 코스를 어떻게 공략해야 할지 전보다 훨씬 더 현명한 선택을 할 수 있는 지식과 기술이 생겼지만, 그날 아침 나는 예전에 세운 내 기록을 깨지 못했다.

하지만 괜찮았다. 골프는 언제나, 숫자보다 더 중요한 선물이기에.

Day 23

걸레인 골프클럽 No. 1 코스
가파른 페어웨이,
숨찬 여정이 가져다준 동지애

위치: 스코틀랜드 걸레인
설계자: 자연 혹은 미상
설립 연도: 1884년

10월 11일 오전, 브레이드 힐스에서 라운드를 마친 뒤 호텔에 잠시 들렀다가, 걸레인에서 스코틀랜드 친구 데이비드 존스를 만날 예정이었다. 원래 오후 계획은 옛 동창들과 킬스핀디에서 라운드를 하는 것이었지만, 친구들이 반차를 내기 어려운 관계로 일정을 조정해야 했다. 다행히 걸레인 골프클럽(Gullane Golf Club)에서 방문을 허락해주었다. 구원자를 만난 듯 안도한 것도 잠시, 순조롭게 풀릴 것만 같았던 하루에 복병이 나타났다.

   호텔로 돌아가기 위해 로리스턴 플레이스로 우회전하려던 순간이었다. '쿵' 하는 소리와 함께 신호 대기 중이던

밴과 충돌하고 말았다. 영국은 좌측 운전이라 익숙하지 않았던 데다가, 렌트한 차도 차체가 넓은 SUV였던 터라 운전이 예상보다 훨씬 까다로웠다. 다행히 밴은 거의 손상되지 않았고, 다친 사람도 없었다. 그러나 내 렌터카의 왼쪽 측면은 충격을 고스란히 받아 찌그러지고 말았다.

돌발 상황에도 불구하고, 나는 오후 일정을 강행하기로 마음먹었다. 렌터카 사무실에 연락하고, 데이비드와의 점심 약속 시간을 조정하느라 전화통을 한참 붙들어야 했지만, 잠시 후에는 다시 이스트 로디언을 향해 운전대를 잡았다. 목적지는 변함없이 걸레인 골프클럽이었다.

레스토랑 앞 노변에 주차한 렌터카의 상태를 보고는 데이비드도 꽤 놀란 기색이었다. 조수석부터 뒷 범퍼까지 긁힌 자국이 선명했기 때문이다. 그는 "액땜했다 치자"며 나를 위로했다. 다행히 운행하는 데는 아무 지장이 없었고, 보험을 들어놓아서 수리비도 걱정할 필요 없었다. 그러니 이미 벌어진 일에 불필요하게 마음 쓰지 않기로 했다.

데이비드는 '유케이 골프가이(UK GOLF GUY)'라는 골프 전문 웹사이트를 운영하며, 전 세계의 다양한 골프장을 여행하는 프로그램을 비즈니스로 만든 친구다. 그가 추천한 '더 메인 코스(The Main Course)'는 2005년에 문을 연 이탈리안 레스토랑인데, 여전히 맛있는 정통 이탈리안 요

↑ 앞팀 3인조를 따라간 첫 번째 홀
↓ 3번 홀의 그린

리를 내놓고 있었다. 오랜만에 맛본 본토 레시피의 칼라마리, 파스타, 화덕피자에 이어 더블 에스프레소로 마무리한 식사는 충분히 만족스러웠다. 여기에 활기찬 대화까지 곁들여 한참을 웃고 떠들고 나니, 머리가 맑아진 기분이었다.

데이비드와 작별 인사를 나눈 뒤, 길 건너 걸레인 1번 코스의 스타터 앞으로 향했다. 오후 2시 45분 티타임에 딱 맞춰 도착할 수 있었다.

첫 홀에서 티샷을 마치고, 앞서가는 세 명의 팀을 따라 가파른 오르막 페어웨이를 오르기 시작했다. 때마침 강하게 몰아친 돌풍은 모든 것을 슬로우 모션처럼 느리게 만들었다. 숨이 턱끝까지 차오를 무렵, 3번 홀 티잉 그라운드에 도착하자 눈앞에 펼쳐진 것은 이스트 로디언 바다를 내려다보는 숨막히게 아름다운 풍경이었다.

바람 속에 시간이 멈춘 듯한 그 고요한 순간, 생제르맹 골프클럽에서 만났던 마르탱과 그가 들려준 아버지 이야기가 떠올랐다. 폭풍우가 몰아치던 어느 날, 마르탱의 아버지 드니 르메리(Denys Lémery)가 따뜻한 호텔 라운지의 창밖 너머로 보았다던 골퍼들의 모습이 지금 우리와 같지 않았을까? 궂은 날씨 속에서 즐겁게 라운드를 이어가는 골퍼들을 보며 그는 '저 사람들이 미쳤든지, 골프라는 운동이 정말 재미있든지 둘 중 하나'라고 생각했다고 한다.

그 순간이 르메리의 인생을 바꾼 전환점이 되었다. 프랑스에서 클래식 음악 저널리스트로 명성을 쌓았던 그는, 이후 골프 저널리즘으로 방향을 틀어 골프 매거진을 만드는 일에 전념했다. 2000년대 후반, 그는 '골프계의 미슐랭 가이드'라 불리는 〈푸조 골프 가이드(Peugeot Golf Guide)〉를 창간했고, 이 출판물은 나중에 〈롤렉스 세계 톱1000 골프 코스〉라는 이름으로 발행되었다.

골프는 정말 독특한 스포츠다. 최악의 날씨에도 순수한 열정 하나로 코스를 향해 기꺼이 나서는 이들이 있다. 비바람을 맞은 얼굴은 찡그려 있지만, 가슴속에는 말로 표현하기 힘든 열정이 가득하다. 견뎌야 할 조건이 혹독할수록 도전하고 싶은 마음은 강렬해진다.

전동 카트에 앉아 최대한 걷기를 거부하고, 캐디가 그린의 경사를 대신 읽어주고 공을 놔주기를 바라는 골프는 그들과 거리가 멀다. 그들은 날씨의 변덕을 있는 그대로 받아들이고, 깃대를 향한 집중의 순간을 사랑하는 사람들이다. 이들에게 골프는 패스트푸드처럼 간편한 식사가 아니라, 천천히 음미하는 만찬에 가깝다.

변화무쌍한 자연 속에서 플레이하는 '플레잉 인 디 엘리먼츠'의 정신을 계승하는, 영국식의 전통적인 골프가 바로 그런 진짜 골프다.

걸레인 1번 코스에서의 라운드는 기대 이상이었다. 바람은 시간이 지날수록 거세고 더 도전적으로 변했지만, 방해가 되기보다는 오히려 집중력과 의지를 더욱 날카롭게 벼려주었다.

18홀을 도는 동안 특히 인상 깊었던 것은 파3 홀들의 독특한 구성이었다. 각각의 홀은 길이도, 방향도 뚜렷이 달랐고, 각기 다른 긴장감을 지니고 있었다. 누군가 내게 걸레인 1번 코스에 가볼 가치가 있느냐고 묻는다면, 나는 주저 없이 "이곳의 파3홀 네 개를 경험하는 것만으로 충분하다"고 답할 것이다.

이날 내 마음을 가장 깊이 울린 감정은 코스 위에서 느낀 동지애였다. 비록 혼자 라운드를 했지만, 거센 바람이 몰아치는 벌판 위를 앞서가는 골퍼들에게서 알 수 없는 유대감을 느꼈다. 우리는 모두 같은 페어웨이를 걷고 있었고, 같은 깃발을 향해 나아갔다. 골프를 향한 공통의 애정이, 말을 주고받지 않아도 우리를 하나로 묶어주었다.

서로 다른 시간과 공간에서 펼쳐지는 골프라는 여정 속에서, 우리는 모두 비슷한 목표를 좇는다. 그것은 바로 자연을 배경으로, 지상 최고의 스포츠를, 아끼는 동반자와 함께하며 얻는 행복이다. 라운드를 마치고 걸레인을 떠나 에든버러로 돌아오는 길, 눈부신 석양이 나를 맞이했다. 하늘은 찬란한 오렌지 빛으로 물들었고, 마음속에는 평온함과 충만한 기쁨이 번져 들었다.

이 평화로운 순간, 옛 친구들이 나를 기다리고 있다는 사실은 또 한 번의 설렘을 더해주었다. 토드와 케니가 헤

↑↑ 9번 홀 그린 너머의 수평선: 파3
↑ 13번 홀 그린: 파3, 미들 티 기준 170야드
↓ 15번 홀: 파5, 미들 티 기준 537야드

이마켓 근처의 바에서 나를 기다리고 있었다. 18년이 흐른 지금, 그들은 어떻게 변했을까? 그들을 다시 만날 생각에 도시로 향하는 발걸음이 점점 빨라졌다.

디지털 시대의 골프

우리는 끊임없는 이미지의 홍수 속에서 살아간다. 사람들이 실시간으로 일상을 촬영하고, 소셜 미디어를 통해 공유하는 덕분에 세상의 플랫폼들은 온갖 매력적인 사진과 영상으로 넘쳐난다. 전 세계의 수많은 골프장을 대중에게 알리는 데는, 이런 시각적 정보의 물결이 한몫을 담당했다.

한때 골프 마니아들의 거실 탁자를 장식하던 골프코스 사진집은 이제 골프 여행 인플루언서들의 실시간 소셜 미디어 피드로 대체되었다. 과거에는 일부 혜택 받은 사람들만이 누리던 골프 여행도 이제는 불특정 다수에게 열려 있다. 누구든 스마트폰을 통해 최고의 골프코스를 간접 경험하는 '랜선 여행'을 즐긴다.

이러한 디지털 열풍은 골프 여행뿐 아니라 골프장 설계와 같은 전문 분야까지 아우르며 골프 마니아는 물론 주말 골퍼들의 상상력을 사로잡고 있다. 어떤 이들은 온라인으로 꿈의 골프코스를 감상하는 데 만족하지만, 또 다른 이들은 골프장 설계의 학문적이고 역사적인 측면까지 깊이

파고든다.

이런 트렌드 속에서 최근 글로벌 골프 미디어가 주목하는 흥미로운 주제 중 하나는 바로 '골프코스 복원'이다. 1900~1930년대, 이른바 골프코스 건축의 황금기에 설계된 코스들을 현대적 기준에 맞게 되살려야 한다는 목소리가 힘을 얻고 있다.

이러한 움직임은 역사적 가치가 있는 설계철학을 부활시키는 한편 21세기 골프 산업이 요구하는 새로운 기준을 충족시키려는 시도라 할 수 있다.

이번 40일간의 여정 동안 나는 주로 20세기 초에 설계된 유서 깊은 코스를 방문했다. 이들은 하나같이 '역사적인 설계를 보존할 것인가, 아니면 현대적 기준에 맞게 바

꿀 것인가'라는 선택 앞에서 깊은 고민에 빠져 있었다.

    그러나 이러한 논쟁에서 한 발짝 비켜서, 묵묵히 제 모습을 지켜온 골프코스도 있다. 바로 스코틀랜드 하이랜드의 브로라(Brora Golf Club)이다.

Day 24

브로라 골프클럽
양떼와 함께 걷는
페스튜 잔디밭 위의 링크스

위치: 스코틀랜드 브로라
설계자: 제임스 브레이드
설립 연도: 1891년

아침 일찍, 나는 제이슨을 픽업하러 에든버러 공항으로 향했다.

건축 설계사로 일하는 제이슨은 원래 전날 밤 도착해서, 나와 11박 12일간의 여정을 함께할 예정이었다. 그러나 서울에서 출발이 지연되는 바람에, 우리는 결국 에든버러 공항에서 아침 일찍 만나 곧장 스코틀랜드 북쪽 하이랜드로 떠나기로 했다.

제이슨과 나는 M90 고속도로를 따라 북쪽으로 향했다. 퍼스 근처에서 A9로 갈아탄 후 태인(Tain)과 골스피(Golspie)를 지나쳤다. 이곳 하이랜드의 지명은 대개 그 지역의 대표적인 골프코스 이름과 일치했는데, 브로라(Brora)도 예외는 아니었다. 에든버러를 출발한 지 네 시간 만에 목적지에 도착했다.

브로라의 매력은 심플함에 있다. 군더더기 없는 클럽하우스, 손대지 않은 130년 전 모습 그대로의 코스, 그리고 단 세 음절의 클럽 이름 '브.로.라.'까지, 모든 면면에 심플한 매력이 자연스럽게 스며들어 있다.

수많은 골프 여행객들이 찾는 스코틀랜드 링크스 코스 중에서도, 브로라는 유독 자연 그대로의 순수함을 간직하고 있다. 코스 위에는 예전과 마찬가지로 양들이 느긋하게 풀을 뜯고 있어서, 마치 목장 같은 풍경을 연출한다.

코스 곳곳에 솟은 모래언덕 위에 서면, 주변 자연과 어우러진 코스 전경이 파노라마처럼 펼쳐진다. 사람의 손길이 느껴지는 곳은 오직 벙커와 그린에 꽂힌 깃대뿐이다. 브로라의 그린은 약한 전류가 흐르는 가느다란 철사 울타리로 둘러싸여 있는데, 이는 코스에서 풀을 뜯는 양들이 그린 위로 들어오지 못하게 만든 장치다. 처음 접하는 이들은 이 울타리가 낯설고 거슬릴 수 있지만, 한두 홀 정도 플레이하다 보면 금세 익숙해진다. 마치 이곳 특유의 거센 바람에 적응하듯, 울타리마저 브로라의 일부로 자연스레 받아들이게 된다.

　브로라 골프클럽은 자연 그대로의 링크스 지형을 손대지 않고 보존하는 전통을 이어오고 있다. 1891년 개장한 이래, 1번 홀 그린을 제외하고는 모든 홀의 형태가 본래 모습 그대로 유지되고 있다.

　처음 다섯 홀을 천천히 걸으며 플레이하면서, 코스의 단순하고 정직한 구성이 뚜렷하게 느껴졌다. 골퍼들을 골탕 먹이려는 설계자의 꼼수는 찾아볼 수 없었고, 자연의 힘으

↑ '위치': '마녀'라는 별명을 가진, 까다로운 파 3 홀
↓ '애크림스데일 번' 위를 지나는 다리, 11번 홀

로 빚어진 지형 변화는 마치 시간을 100년 전으로 되돌린 듯한 착각을 불러일으켰다.

라운드를 이어가다 마침내 '위치(Witch)'라는 이름의 매혹적인 파3 홀에 이르렀다. 190야드에 이르는 이 홀은 그린 앞에 세 개의 벙커가 포진해 있다. 은근한 굴곡이 살아있는 그린이 정교한 롱 아이언 샷을 요구하는 홀이었다.

후반 9홀은 즐거움과 놀라움의 연속이었다. 각 홀마다 예측할 수 없는 지형의 흐름을 고스란히 품고 있었기 때문이다. 특히 11번, 12번, 14번, 16번, 17번 홀은 다이내믹한 지형을 따라 코스가 생동감 있게 이어지면서, 건강한 땅의 에너지가 물씬 풍겨왔다.

브로라의 링크스를 걸으며 사진을 찍기 위해 가끔 멈춰 설 때면, 이곳의 진짜 주인인 양떼들과 코스를 공유하고 있음을 새삼 실감했다. 양들은 항상 일정한 거리를 유지한 채 조용히 머물러 있었고, 어쩔 수 없이 샷을 위해 다가가면 익숙한 듯 천천히 자리를 내어주었다. 이 모든 경험이 브로라만의 특별한 매력이었다.

한편, 링크스 코스가 처음이었던 제이슨은 이따금씩 골프공 근처에 떨어져 있는 양의 배설물을 치우며 플레이해야 하는 상황이 다소 불편한 듯했다. 그날 저녁, 도노크 스테이션 호텔에서 식사를 하며 나는 그에게 스코틀랜드 골프에 대한 첫인상이 어땠는지 물었다. 그의 대답은 의미심장했다.

"한국의 골프장에서는 모든 것이 빨리빨리, 오직 경기에만 집중하도록 운영되고 있는데, 브로라에서는 천천히 나 자신에게 집중할 수 있었던 것 같아."

링크스를 처음 접한 골퍼의 감상치고는 놀라울 만큼 깊

은 통찰이 담겨 있었다. 복잡한 골프와 단순한 골프, 놀이로서의 골프와 명상 같은 골프 사이의 분명한 차이를 그는 감지하고 있었다. 나 역시 그의 감상에 전적으로 공감했다.

그날 하루를 마무리하며 돌아보니, 지금까지 총 24일 동안 26개 코스를 소화했고, 앞으로 남은 16일 동안 14개 코스를 남겨두고 있었다. 다음 날로 예정된 로열 도노크(Royal Dornoch Golf Club)를 생각하니 벌써부터 가슴이 뛰었다. 처음 본 순간부터 내 마음을 단번에 사로잡은, 특별한 코스였기 때문이다.

Day 25

 # 로열 도노크 골프클럽

하이랜드를 수놓은
올드 톰 모리스의 걸작

위치: 스코틀랜드 도노크
설계자: 올드 톰 모리스
설립 연도: 1886년
2023 〈GOLF 매거진〉 세계 100대 코스 순위: 10위

25일째 되는 날, 18년 전 나를 매료시켰던 로열 도노크의 코스와 다시 만났다. 처음 로열 도노크를 찾았을 때만 해도, 나는 골프라는 게임과 코스 매니지먼트에 아직 미숙한 초보였다. 코스가 던지는 다양한 도전들을 충분히 이해하고, 그에 걸맞은 해법을 찾기엔 골프 실력도 정신력도 부족했다.

이제는 전 세계 수많은 코스를 경험했고, 골프와 관련된 다양한 영역에서 경력을 쌓아온 만큼, 코스와 더 깊은 교감을 나누고 싶었다. 그래야만 다시 찾은 도노크에서 하루

를 충만하게 마무리할 수 있을 것 같았다. 그날 도노크에서의 라운드는, 하이랜드 특유의 변덕스러운 날씨처럼 만족감과 아쉬움이 뒤섞인 경험이었다.

티잉 그라운드에서 시작되는 부드러운 페어웨이의 곡선과 그린 주변의 굴곡이 인상적이었던 3번 홀 '얼스 크로스(Earl's Cross)'는 여전히 매혹적이었다. 5번 홀 '힐튼(Hilton)'은 열 개의 벙커로 티샷부터 시선을 사로잡았고, 황금빛 페스큐 러프는 바람결에 아름답게 일렁였다.

6번 홀 '위니 브레이(Whinny Brae)'는 기억 속 모습 그대로, 매혹적이면서도 위험천만한 홀로 남아 있었다. 왼편의 가시금작화 언덕과 오른편의 매끄러운 내리막 사이에 아슬아슬하게 자리한 파3 홀의 그린은 여전히 도전적이었다. 7번 홀 '피어(Pier)'는 세월이 흐르며 바다에 가깝게 위치를 옮겨 화려함이 더해진 반면, 예전의 섬세한 매력은 조금 퇴색한 듯했다.

이처럼 멋진 홀들로 가득한 전반 9홀은 단지 시작에 불과했다. 진정한 클라이맥스는 후반 홀에서 펼쳐졌다.

10번 홀 '푸아란(Fuaran)'에서 시작해 11번 홀 '아클락(A'chlach)'으로 이어지는 해변의 홀들은, 그린 주변의 미묘한 변화를 자랑하는 지형이 특히 인상 깊었다. 12번 홀 '서덜랜드(Sutherland)'와 13번 홀 '벤츠(Bents)'에 이르자, 링

'위니 브레이'에서 내려다본 11번 홀 그린

크스 코스 특유의 세밀한 굴곡 덕분에 매 샷마다 코스와 함께 우아한 춤을 추는 듯한 느낌이 들었다.

진정한 클라이맥스는 14번 홀 '폭시(Foxy)'에서 찾아왔다. 교묘하면서도 매혹적인 수수께끼로 가득한 이 홀은, 그 자체로 하나의 퍼즐 같았다. 어떤 날엔 그 비밀을 간파한 듯한 기분이 들다가도, 또 다른 날엔 전혀 예측할 수 없는 시련을 안겨주며 겸손함을 일깨워주는 곳이다.

마지막 네 홀을 거치며, 나는 코스와 나지막이 친밀한 대화를 속삭이는 듯한 기분에 젖었다. 자연 그대로의 지형에 놓인 코스의 윤곽을 따라 걷고, 미묘한 굴곡의 변화를 이해하며, 숨겨진 도전을 받아들이면서, 그동안 열심히 단련한 스윙으로 코스에 화답했다.

로열 도노크에서의 시간은 오랫동안 기다려온 연인과의 재회와 같았다. 단순한 골프 라운드를 넘어, 수년간 지속된 기다림이 마침내 보상받는 순간이었다.

이 환상적인 하루의 동행자는, 제이슨 말고도 한 명이 더 있었다.

1번 홀에서 티오프를 준비하고 있는데 클럽 직원이 와서 전해주기를, 골퍼 한 명이 우리와 동반하게 되었다고 했다. 이 먼 곳까지 혼자 플레이하러 온 걸 보니, 나처럼 열정이 넘치는 골프 순례자가 아닐까 하고 막연히 짐작했다.

그런데 잠시 후 스타터 직원이 외친 이름을 듣고 나는 깜짝 놀랐다.

"나카무라 씨. 유지 나카무라 씨."

귀에 익은, 그러나 예상치 못한 이름이 티잉 그라운드에 울려 퍼졌다.

↑↑ 힐튼 홀의 10개 벙커, 파4
↑ 다섯 개의 항아리(리벳) 벙커로 둘러싸인 포대 그린: '푸아란'
↓ '아클락'에서 앞 팀이 마무리하기를 기다리는 갈매기와 골퍼들

왼쪽부터: 저자, 스타터, 유지, 제이슨

잠시 후, 구릿빛 피부에 히코리 샤프트 클럽을 든 한 신사가 나타났다. 나는 그를 단번에 알아보고서 다가가 인사했다.

"나카무라 씨, 저 오상준이라고 합니다. SNS에서 사진으로 봤죠."

놀란 건 나뿐만이 아니었다. 그 역시 깜짝 놀란 표정으로 내게 손을 내밀었다. 우리는 몇 달 동안 서로의 온라인 게시물을 팔로우하며 간접적으로 알고 지낸 사이였다.

그는 스코틀랜드 월드 히코리 오픈 대회에 참가한 뒤, 홀로 하이랜드를 돌며 골프 여행 중이었다. 이 대회는, 100년 전 골퍼들이 사용하던 히코리 샤프트 골프채로 치르는 경기다.

1번 홀 페어웨이를 나란히 걷던 중, 나카무라 씨가 이렇게 말했다.

"준, 골프는 우리 같은 사람들을 끌어당기는 자석 같아요. 우리는 만날 운명이었던 거죠."

그의 말에서 진심이 느껴졌고, 앞으로도 그와의 인연이 계속될 것 같은 예감이 들었다.

오랜 기다림 끝에 마주한 로열 도노크와의 두 번째 라운드를 아쉬움 속에 마무리하고서, 나 자신이 골퍼이자 코스 평론가로서 얼마나 성장했는지를 새삼 실감할 수 있었다.

Day 26

캐슬 스튜어트 골프 링크스

문명의 충돌이 만들어낸
세계 100대 코스

위치: 스코틀랜드 인버네스
설계자: 길 한스
설립 연도: 2011년
2023 〈GOLF 매거진〉 세계 100대 코스 순위: 89위

"저는 패턴을 연구합니다. 역대 흥행 1~10위 영화 중 9편은 특수효과를 사용했고, 8편은 괴물이 등장하며, 7편은 러브스토리였죠. 영화 제작에 성공하려면 이 요소들을 조합하는 게 좋아요. 저는 그 패턴을 관찰하고, 그들이 교차하는 지점에 집중할 뿐입니다."

2009년, 윌 스미스는 ABC 뉴스와의 인터뷰에서 자신이 발견한 할리우드 흥행 공식을 이렇게 설명했다.

골프 관련 비즈니스에도 이와 비슷한 공식이 있다.

내가 40일간의 골프 여정에 인버네스의 캐슬 스튜어

트(Castle Stuart Golf Links)를 포함했다고 전했을 때, 여러 나라의 골프 전문가들이 큰 관심을 보였다. 특히 내가 캐슬 스튜어트를 플레이한 후, 세인트 앤드루스의 킹스반스(Kingsbarns Golf Links)와 어떻게 비교할지 궁금해했다.

캐슬 스튜어트와 킹스반스는 각각 미국의 설계가 길 한스와 카일 필립스(Kyle Phillips)가 디자인했고, 미국인 부동산 개발자 마크 파르시넨(Mark Parsinen)의 기획 아래 조성되어 나란히 세계 100대 코스에 이름을 올렸다.

나는 킹스반스에서 2005년과 2009년, 두 차례 라운드를 했다. 첫인상은 마치 최신형 아이폰을 언박싱할 때의 설렘과 흡사했다. 킹스반스는 대체 불가한 전통과 가치를 지닌 스코틀랜드 링크스 골프라는 '제품'을 미국식 트렌디한 서비스로 포장한 완성형처럼 느껴졌다.

영국의 명문 프라이빗 클럽에 가보면, 가끔 초대받지 않은 이방인이 된 듯한 어색함을 경험하게 된다. 방문객이 그들의 문화를 제대로 이해하지 못해서일 수도 있지만, 때로는 이런 분위기 자체가 골프 종주국으로서의 자부심, 혹은 우월감에서 비롯된 것처럼 느껴지기도 한다. 차라리 얼른 코스로 나가 골프에 집중하고 싶은 마음이 드는 것도 무리가 아니다.

한편, 영국 해변가 지역마다 한두 곳씩 존재하는 숨겨진 보석 같은 로컬 링크스 코스들도 있다. 날것 그대로의 자연과 복제할 수 없는 가치를 지닌 곳이지만, 세계적인 수준의 고객 서비스를 기대하기는 어렵다. 파르시넨이 주목한 지점이 바로 여기였다.

스코틀랜드로 최고급 골프 관광을 오는 해외 여행객들, 특히 미국인들을 타깃으로 삼아, 그들의 기대치를 뛰어넘는 서비스를 선보인 것이다. 이렇듯 정성스럽게 포장된 경험은 결국 클럽하우스 밖, 코스 위에서 완성된다. 골프의 성지 스코틀랜드의 때 묻지 않은 자연이 만들어낸 최상급 골프 환경은 여행객들의 탄성을 자아낸다.

흥미로운 사실은 캐슬 스튜어트와 킹스반스, 두 곳 모두 21세기에 만들어진 '신상품'이며, 인공적인 토목 공사를 통해 성형된 코스라는 점이다. 그렇기에 막상 스코틀랜드 현지인들은, 굳이 비싼 값을 지불해가며 이곳에서 골프를 칠 이유가 없다고 말한다.

세인트 앤드루스 올드 코스에서 해안도로를 따라 남동쪽으로 15분쯤 달리면, 북해를 마주한 높다란 경사지에 자리한 킹스반스 골프 링크스에 도착한다. 입구를 지나 황금빛 페스큐 잔디가 넘실거리는 모래언덕 사이를 천천히 드라이브하며 코너를 돌 때쯤, 아담한 석조 클럽하우스가 모습을 드러낸다.

↑ 모레이 만을 따라 이어지는 2번 홀
↓ 6번 홀 그린 옆 벙커

 클럽하우스 앞 원형 잔디밭 위에는 대형 스코틀랜드 국기가 펄럭이며(스코틀랜드 어디에서도 평일에 이렇게 큰 국기를 보기 힘들다), '지금 여러분은 골프의 고장, 스코틀랜드에 계십니다'라고 다시 한번 상기시켜 준다.
 이제, 환한 웃음으로 반기는 직원들의 안내에 따라 클럽하우스 프로숍으로 들어간다. 먼저 세련된 파우치에 담긴 골프용품이 웰컴 기프트로 주어진다. 친절한 안내를 받아 레스토랑에 자리를 잡으면, 영국식 피시앤드칩스나 아메리칸 스타일 버거를 맛볼 수 있다. 본격적인 라운드 전, 최고급 골프공이 피라미드처럼 쌓여 있는 드라이빙 레인지에서 워밍업을 하는 경험도 빼놓을 수 없다.

드디어 세계 랭킹 86위의 코스로 나선다. 완벽하게 관리된 코스는 즐거움과 도전의 요소를 고루 갖췄고, 홀마다 새로운 얼굴을 보여주는 팔색조 같은 매력을 선사한다. 18개 그린은 단 하나도 비슷한 데가 없으며, 독창적인 구조로 골퍼의 상상력을 자극한다. 여기에 더해, 모든 홀에서 펼쳐지는 바다 풍경은 이 라운드를 진정한 호사로 만든다.

클럽하우스로 향하는 마지막 홀은, 거울처럼 빠르고 단단한 그린 앞에 도사린 깊은 도랑을 넘겨야만 하는, 드라마틱한 경험으로 마무리된다. 이처럼 치밀하게 구성된 골프코스와 그에 어울리는 감각적인 연출은, 아무리 까다로운 취향과 높은 기대를 품고 온 골퍼라 해도 흠잡기 어려운 완성도를 자랑한다.

그러나 이곳에는 숨겨진 비밀이 있다. '링크스'라는 이름과 달리, 이곳의 코스가 자리한 토양은 원래 밀과 보리, 감자가 자라던 경작지였다. 엄밀히 말해 진정한 링크스란 해안가의 사질 토양 위에 지어진 골프장을 가리킨다. 그런 의미에서 킹스반스는, 평범한 농지를 깎고 다듬어 지형을 성형하고, 그 위에 모래를 덮어 전통적인 링크스 잔디인 페스큐를 심은, 철저한 '연출'의 산물이다.

하지만 파르시넨의 아이디어는 단순히 스코틀랜드의 링크스를 흉내 낸 것에 그치지 않는다. 킹스반스는 전통 링크스의 정신을 현대적으로 재해석하며, 새로운 가능성을 개척한 놀라운 사례로 자리매김했다.

스코틀랜드와 미국, 두 세계의 장점을 절묘하게 결합해 낸 파르시넨은, 킹스반스의 성공을 발판 삼아 11년 후 인버네스에서 캐슬 스튜어트라는 또 다른 걸작을 선보였다.

도노크를 떠나 인버네스로 향하는 길 위에서, 나는 궁금해졌다. 과연 21세기에 가장 주목받는 코스 설계자 길 한스는 스코틀랜드에서의 첫 작품을 어떻게 완성했을까? 그리고 파르시넨은 이번에는 또 어떤 기획력을 발휘해, 이 코스를 가치 있는 '경험'으로 포장했을까?

10월 14일, 스코틀랜드 하이랜드에 첫눈이 내렸다. 기온은 영하로 떨어졌고, 거센 비바람과 우박이 몰아쳤다. 이런 악천후 속에서도 캐슬 스튜어트의 직원들은 클럽하우스 밖까지 마중 나와, 따뜻하고 친절한 인사로 우리를 맞아주었다.

프로숍에는 감각적으로 디자인된 다양한 골프 상품들

← 13번 홀: 넓은 페어웨이를 향한 다양한 티샷 루트
→ 13번 홀 그린 앞의 복잡한 융기와 함몰 지형

이 전시되어 있었다. 15년 전 킹스반스에서 봤던 것보다도 한층 더 세련된 수준이었다. 아트 데코 스타일의 하얀 회벽과 통유리창이 돋보이는 클럽하우스는, 마치 디 오픈 개최지인 잉글랜드의 명문, 로열 버크데일(Royal Birkdale Golf Club)의 클럽하우스를 축소해놓은 것처럼 보였다.

아름다운 바다 너머로 눈 덮인 하이랜드의 풍경을 조망할 수 있는 오프닝 홀들은 모레이 만을 따라 북서쪽으로 이어진다. 그린을 플레이하며 받은 첫인상은, 킹스반스처럼 홀마다 뚜렷한 형태적 개성이 분명하되, 과장된 조형미가 자칫 호불호를 가를 수 있겠다는 느낌이었다.

전반 마지막 세 개 홀은 독특한 구조로 상상력을 자극하는 홀이었다. 그중 7번 홀은 긴 파4로, 페어웨이 왼편에 자리한 거대한 웨이스트(waste) 벙커를 공략해 넘겨보고 싶

← 마지막 홀: 파 5, 미들 티 기준 5080야드
→ 18번 홀 그린

은 유혹을 불러일으킨다. 8번 홀은 흥미로운 파3로, 부메랑 형태의 독특한 그린이 인상적이다. 티샷이 잘못된 위치에 떨어질 경우, 홀컵까지 이어진 긴 경사를 정확히 읽고 20~30미터에 달하는 퍼팅를 해야 하는 까다로운 과제를 마주하게 된다.

클럽하우스로 돌아오는 9번 홀은 짧지만 까다로운 파4로, 그린 앞을 지키는 깊은 벙커와 요철 지형을 넘기기 위해 정밀한 아이언 샷이 요구된다. 후반 9홀에서는 11번, 13번, 14번 홀이 특히 인상 깊었고, 그중에서도 파4인 13번 홀에 유독 애착이 갔다.

이 홀은 다양한 티샷 전략이 가능하다. 행여 좌측 페어웨이 입구를 가로막고 있는 거대한 벙커를 피하려고 우측으로 티샷을 보낼 경우, 공은 그린이 보이지 않는 낮은 지

9번 홀의 거대한 페어웨이 벙커

대로 굴러 들어간다. 벙커를 두려워하지 않고 페어웨이 중앙이나 좌측을 과감히 공략한 골퍼만이 그린을 향한 시야를 확보할 수 있다. 그런 점에서 전형적인 전략형 홀이라 할 수 있다.

도전은 여기서 끝나지 않는다. 그린 앞에 자리한 미세한 파도 모양의 페어웨이 굴곡이 공을 예상치 못한 방향으로 흘려보낼 수 있으며, 홀컵이 오른쪽에 위치할 경우 난이도는 한층 높아진다.

라운드를 끝낸 뒤 클럽하우스로 돌아와 기네스 한잔을 시켜놓고, 캐슬 스튜어트와 킹스반스를 차분히 비교해보았다. 한마디로 표현하자면, 두 코스는 같은 유전자를 지닌 채

서로 다른 환경에서 성장한 형제 같았다. 마크 파르시넨이라는 아버지의 DNA가, 각기 다른 지형과 설계자라는 어머니를 만나, 전혀 다른 기질의 골프장으로 태어난 것이다.

외형은 다르지만, 이 둘을 관통하는 뚜렷한 유전자가 존재했다. 킹스반스는 해안 지형을 절묘하게 활용해 다양한 도전 과제를 던지는 데 탁월했고, 캐슬 스튜어트의 내륙 홀들은 전략적인 면에서 킹스반스보다 우월했다. 하지만 두 코스 모두, 홀의 성격을 결정짓는 핵심인 '그린 콤플렉스(Green Complex)'에서 과장된 조형미를 추구한다는 점은 뚜렷한 공통분모였다.

환경 규제로 인해 해변의 순수한 링크스 지형에 더 이상 골프장을 짓기 어려운 시대에, 파르시넨은 이미 농경지로 사용되어 개발이 가능한 바닷가 땅을 매입했다. 이를 토대로 링크스의 감성을 되살려낸 천재적 사업가의 통찰력이야말로 이 두 코스에 깊게 새겨진 유전자였다.

결국 캐슬 스튜어트 골프 링크스는, 골프의 본고장 스코틀랜드에 미국인 사업가의 비전, 미국인 설계자의 디자인, 그리고 미국식 호스피탈리티를 접목하여 만들어낸 걸작으로, 두 나라의 강점을 융합한 완성도 높은 골프 상품이라 할 수 있다.

2018년 5월, 가디언지는 맨부커 인터내셔널상 후보에 오른 번역가들을 인터뷰하여 속담 퀴즈를 실었다. 번역가들이 저마다 가장 좋아하는 비영어권 속담이나 관용구를 소개하면, 독자들이 그 의미를 유추해보는 방식이다.

여기에 참여한 역자 중에는 2016년 《채식주의자》로 맨부커상을 수상한 한강 작가와 협업했던 데버러 스미스도 있었다. 그녀가 선택한 한국어 관용구는 이것이었다.

'칭찬은 고래도 춤추게 한다.'

정답의 보기는 아래와 같다.

1. 아무도 칭찬을 거부할 수 없다.
2. 좋은 댄스 타임은 거부하기 어렵다.
3. 고래는 완전한 나르시시스트다.

한국인이라면 익숙한 표현이지만, 외국인들에게는 그리 쉬운 문제가 아니었던 듯하다. 나는 세계 각지를 여행하면서 '칭찬'의 위력을 종종 실감하곤 했다. 낯선 타지에서 처음 만난 사람에게 건네는 진심 어린 칭찬은 어색함을 허무는 강력한 도구가 된다. 단순히 분위기가 유쾌해질 뿐 아니라, 서로에게 긍정적인 동기를 부여해 친밀한 교류가 시작된다.

네언(Nairn)에 있는 아담한 레스토랑, '원원투온더브레

(One One Two on the Brae)'를 방문했을 때도 그런 일이 일어났다. 오픈한 지 얼마 안 된 이 와인 바는 인버네스 근교의 작은 마을 네언 중심가에 위치해 있어, 현지인들이 즐겨 찾는 곳이다.

나는 이곳을 캐슬 스튜어트에서 함께한 캐디의 추천으로 알게 되었다. 레스토랑에 도착하니 밝은 미소를 띤 친절한 웨이트리스가 우리를 창가 자리로 안내했고, 메뉴와 와인 페어링에 대해 능숙하게 설명해주었다.

웨이트리스는 우리가 고른 샤블리 와인과 완벽하게 어울리는 훌륭한 요리들을 추천해주었다. 스팀 바오 번에 넣은 로스트 삼겹살, 그레이트 글렌산 사슴 살라미, 스코틀랜드산 홍합찜이 테이블을 풍성하게 채웠다. 그중에서도 부드러운 바오 번 속, 바삭한 삼겹살과 크리미한 스리라차 마요 소스가 어우러진 한 입은 그야말로 환상적이었다.

잠시 후, 웨이트리스가 식사는 괜찮냐고 물었을 때 나는 장난스레 말했다.

"너무 맛있어서 화가 나요."

순간 놀란 그녀가 무슨 문제가 있냐며 당황해하자, 나는 웃으며 설명했다.

"이렇게 맛있는 음식을 이제야 알게 되다니요. 한국에선 너무 맛있을 때 '화가 난다'고 농담처럼 말하곤 해요."

처음엔 어리둥절해하던 그녀는 이내 웃음을 터뜨리고는 주방으로 사라졌다.

식사가 끝나갈 무렵, 자리를 정리하고 있는데 키 큰 남성이 다가왔다. 셰프로 보이는 그는 내 칭찬에 감사 인사를 건넸다.

나는 이렇게 덧붙였다.

"지난주 더블린에서 미슐랭 스타 레스토랑 몇 곳을 다녀왔지만, 여기 음식도 전혀 뒤지지 않아요. 작은 주방에서 이렇게 효율적으로 퀄리티 높은 메뉴를 내다니, 정말 대단합니다."

가감 없는 칭찬에 셰프는 진심으로 기뻐하는 모습이었다. 그 모습을 본 제이슨과 나 역시 따뜻해진 마음으로 저녁을 즐겁게 마무리할 수 있었다. '언덕 위의 112번지'는 앞으로 내 단골집이 될 것 같은 예감이 든다.

Day 27

네언 골프클럽
하이랜드의 바닷가에 숨겨진
진주와 같은 코스

위치: 스코틀랜드 네언
설계자: 올드 톰 모리스, 제임스 브레이드, 벤 세이어스, 매켄지&에버트
설립 연도: 1887년

골프 문화는 '협력'에 깊이 뿌리내리고 있다. 본질을 추구하는 강력한 리더십, 상호 존중이 바탕이 된 결속력, 그리고 발전에 대한 열망으로 무장할 때, 그 공동체는 어김없이 번성했고 새로운 문화를 창조해냈다. 세계적인 골프클럽과 코스를 방문해보면, 이런 핵심 요소들이 언제나 일관되게 존재하고 있었다.

네언 골프클럽(Nairn Golf Club)은 세계 100대 코스에는 들지 않지만, 골프 마니아라면 한 번쯤 꼭 가봐야 하는 스코틀랜드의 클래식 링크스 코스다. 이곳에 도착하자 클럽의 역사학자 휴 서덜랜드 씨가 따뜻한 환대를 해주었다.

그는 우리를 위층 기록 보관실로 안내했고, 보물창고 같은 작은 박물관의 문을 열어주었다. 다락방 안에는 오래된 히코리 골프채, 메모, 책, 트로피, 메달들이 정성스럽게 진열되어 있었다. 그중에서도 특히 눈길을 끈 것은, 135년 전 클럽 설립자들이 직접 손으로 쓴 회의록 원본과 그들이 사용했던 스타이미 스틱이었다(스타이미 스틱의 유래는 영상 속 서덜랜드 씨의 설명 참조).

서덜랜드 씨는 19세기 말부터 클럽이 수집해온 유물들을 하나하나 소개하며 그 역사를 들려주었다. 이방인인 나도 어느새 이 오래된 클럽의 문화와 하나 된 듯한 오묘한 감정을 느꼈다. 이 클럽의 풍부한 유산은, 그 가치를 진심으로 아꼈던 회원들이 세대를 거쳐 공동의 노력으로 만들어낸 것이었다.

특별한 견학을 마친 뒤 나간 코스의 첫인상은 강렬했다. 그린 콤플렉스와 그린 앞 50야드 안쪽 지역이 특히 눈에 띄었다. 2018년부터 2년간 영국의 파트너 설계자인 매켄지와 에버트가 리노베이션한 벙커와 그린은, 미세한 굴곡으로 가득한 페어웨이와 어우러져 거리 감각에 착시를 일으켰다. 설계자가 심어

← 1번 홀 그린
→ 그린 방향 사선으로 배치된 페어웨이 벙커

놓은 이런 함정 때문에 골퍼들은 상상력을 발휘해 샷을 해야 했다.

이런 독특한 스타일에 적응하는 데는 시간이 필요했고, 바람과 싸우며 고전한 전반 9홀이 지나고 나서야 비로소 코스의 흐름과 설계자의 의도를 더 잘 이해하고 즐길 수 있었다. 덕분에 후반 9홀에서는 코스가 요구하는 보다 창의적인 플레이를 시도할 수 있었다.

하지만 플레이가 나아진 이유는 단순히 코스에 익숙해졌기 때문만은 아니었을 것이다. 네언 골프클럽의 명물인 그늘집에서 마신, 토마틴 증류소의 스모키 싱글몰트 위스키 한 모금도 분명 한몫했으리라.

많은 링크스 코스가 클럽하우스를 출발해 바다를 끼고 전반 9홀을 돈 뒤, 내륙을 거쳐 클럽하우스로 되돌아오는

←7번 홀 '롱': 파 5, 백 티 기준 601야드
→8번 홀 그린

구조를 취하는데, 네언에서는 전반 9홀이 끝나는 지점에 특별한 공간이 기다린다. 오랜 역사를 자랑하는 냉동창고 아이스 하우스(Ice House)와 보티(Bothy)라 불리는 작은 건물이 그것이다. 보티는 어망과 어구, 수확한 연어를 보관하던 장소인데 지금은 그늘집으로 개조해 사용하고 있다. 그 특별한 정취 덕분에 이곳은 하이랜드 골프 여정에서 가장 인상 깊은 장소 중 하나로 남았다.

코스를 되돌아보면 전반 9홀 중 3번, 5번, 8번 홀, 후반 9홀 중 12번, 14번, 15번 홀이 기억에 남는다. 그중에서도 14번 홀이 유독 강렬한 이미지로 남은 데는 이유가 있다.

13번 홀의 가파른 오르막 페어웨이를 오르던 중이었다. 제이슨이 급한 목소리로 말했다.

"어? 나, 핸드폰 두고 온 것 같아. 전 홀 티잉 그라운드에서 사진 찍고서 안 챙겼나 봐."

그는 서둘러 되돌아 달리기 시작했다. 다행히 그 시각 코스에는 다른 방문객이 없었고, 갈매기들도 휴대폰에는 별 관심이 없어 보였기에 큰 걱정은 하지 않았다. 제이슨을 기다리는 동안 나는 14번 그린 주변에서 다양한 샷을 시도해보았다. 14번 그린은 굴곡이 상당히 독특했는데, 나중에 서덜랜드 씨에게서 들은 바로는, 1번과 7번 홀의 그린과 더불어 14번 그린도 매켄지&에버트가 리노베이션한 것이라고 했다.

이후 내 관심은 자연스럽게 네언 특유의 벙커 스타일로 옮겨갔다. 특히 페어웨이 벙커와 그린사이드 벙커의 스타일 차이가 눈에 들어왔다. 서덜랜드 씨는 내 관찰력에 감

14번 홀: 내리막 파3, 백 티 기준 224야드

탄하며 자세한 설명을 덧붙였다. 설계자가 페어웨이 벙커는 자연스러운 '블로우아웃(Blow-out)' 스타일로 개조한 반면에, 그린사이드 벙커는 전통적인 '레벳(Rivetted)' 방식을 그대로 유지했다고 했다.

21세기 골프코스에서 가장 트렌디한 스타일로 꼽히는 블로우아웃 벙커는 관리가 비교적 수월하지만, 레벳 스타일은 3~4년에 한 번씩 벙커 벽의 잔디 뗏장을 모두 교체해야 할 만큼 손이 많이 간다. 트렌드와 전통, 두 마리 토끼를 모두 잡으려는 이 시도가 세월이 흐르며 어떻게 진화할지, 문득 궁금해졌다.

라운드를 마친 뒤, 서덜랜드 씨는 클럽하우스 밖까지 나와 배웅해주었다. 라운드 전 그가 제안했던 것처럼 다락방

에서 싱글몰트 위스키 한잔을 함께하지 못해 아쉬웠지만, 다음을 기약하기로 했다. 그의 스코틀랜드식 환대에 깊은 감사의 마음을 안고, 우리는 다음 날의 목적지인 크루든 베이로 향했다.

Day 28

크루든 베이 골프클럽
리듬감 넘치는 롤러코스터와도 같은
골프를 원한다면

위치: 스코틀랜드 크루든 베이
설계자: 올드 톰 모리스, 아치 심프슨, 톰 심프슨, 허버트 파울러, 매켄지&에버트
설립 연도: 1899년
2023 〈GOLF 매거진〉 세계 100대 코스 순위: 56위

크루든 베이에 얽힌 추억은, 그곳의 특별한 공간과 연결되어 있다. 전 세계 3만 8,000여 개의 골프코스 중에는 숨 막히도록 아름다운 자연 속에 자리한 곳도 있고, 평범한 지형을 감각적인 설계로 탈바꿈시킨 곳도 있다. 이런 골프장들을 경험해보고 나면 유난히 또렷이 기억에 남는 홀이 있기 마련인데, 그 이유는 결국 그 홀들이 자리한 자연환경의 특별함에서 비롯된다.

예컨대, 몬터레이 반도 카멜 베이 절벽 위에서 바다를 향해 뻗어 있는 페블비치(Pebble Beach Golf Links)의 6, 7, 8번

↑↑ 3번 홀 그린 앞의 역동적인 페어웨이 굴곡
↑ 4번 홀: 파3, 2005년 촬영
↓ 5번 홀의 장엄한 내리막 티샷, 2005년 촬영

티에서 내려다본 5번 홀 페어웨이 전경, 2023년 촬영

홀이 그렇다. 오거스타 내셔널(Augusta National Golf Club)의 레이즈 크리크(Rae's Creek)를 끼고 이어지는 아멘 코너(Amen Corner)의 11, 12, 13번 홀 역시 그런 특별한 골프 공간 가운데 하나다.

크루든 베이에도 그런 '스페셜한' 공간이 있다. 전반 3, 4, 5번 홀이 이어지는 코스가 크루든 강과 만나는 북쪽 경계 지역이 바로 그곳이다. 18년 전, 처음 이곳을 찾았을 때 나는 혼자였고, 통증이 심한 다리를 절며 수동 카트를 끌고 있었다. 파4, 3번 홀은 페어웨이 랜딩 존이 보이지 않아, 야디지북에 의지해 거리를 가늠하며 티샷을 날렸다. 잠시 후 완만한 경사지를 넘어서자, 링크스의 모래언덕 사이로 그린이 모습을 드러냈다.

그린 뒤편으로는 썰물로 수위가 낮아진 크루든 강이 흐

매켄지&에버턴의 9번 홀 리모델링 작업의 결과

르고 있었고, 그 너머에는 고즈넉한 어촌 마을이 펼쳐져 있었다. 이 모든 풍경은 스코틀랜드의 링크스 코스, 그중에서도 크루든 베이에서만 만날 수 있는 독특한 장면이었다.

이어지는 오르막 파3홀은 강이 흘러나가는 바다를 향했고, 마을과는 사람만 건널 수 있는 목조 다리로 연결되어 있었다. 그 그림 같은 장면을 마주한 순간, 그때까지 나를 괴롭히던 통증이 거짓말처럼 사라졌고, 나는 이 아름다운 풍경을 카메라에 담기 위해 분주히 움직였다.

다음 5번 홀은 크루든 베이에서 가장 넓은 페어웨이를 품은 곳이었다. 5번 홀이 선사한 장엄한 내리막 티샷 덕분에, 잊을 수 없는 세 홀의 앙상블이 완성되었다. 이번 방문을 통해 나는 예전 기억을 확인하는 것을 넘어, 크루든 베이의 특성을 더욱 뚜렷이 기억하게 되었다.

↑ '욕조'라고 불리는 14번 홀 펀치볼 그린
↓ 페어웨이 중앙에 위치한 '바이킹의 무덤', 17번 홀

    골프 라운드를 놀이공원에 비유하자면, 완만한 지형을 차지하고 있는 노스 베릭 웨스트 링크스의 플레이는 환상적인 풍경 속을 누비는 범퍼카 라이드라 할 수 있다. 그에 비해 크루든 베이는 롤러코스터를 탈 때의 흥분에 가까웠다. 이 코스의 지형은 놀라울 정도로 역동적이다. 단 한 홀도 평탄하지 않고, 각 홀마다 고저차와 곡선, 회전이 역동적으로 어우러져 골퍼를 끊임없이 흥분시키고 몰입하게

만든다.

크루든 베이 전반 9개 홀의 연속성과 리듬감은 이곳을 세계 최고의 골프코스로 자리매김하게 만든 핵심 요소다. 특히 9번 홀의 페어웨이는 리모델링을 거치며 더 높은 고원의 가장자리로 이동했고, 덕분에 크루든 베이의 바다 전경과 후반 9홀의 장관을 한눈에 조망할 수 있게 되었다.

이 인상적인 변화를 이끌어낸 주역은 영국의 설계 듀오, 매켄지와 에버트였다. 이들이 리모델링을 맡았던 다른 코스들로는 스코틀랜드의 네언과 턴베리 에일사(Turnberry Ailsa), 그리고 멀리 일본의 명문 히로노 골프클럽이 있다. 로열 도노크의 7번 홀도 유사한 변화를 거쳤지만, 결과물로 보자면 크루든 베이가 훨씬 더 매력적이었다. 이곳은 자연스러운 지형 굴곡과 부드러운 내리막 경사를 설계에 탁월하게 녹여내어, 코스에 한층 강렬한 긴장감을 불어넣었다.

후반부의 첫 네 개 홀을 지나며, 나는 이미 14번 홀을 기다리고 있었다. 이른바 '욕조(Bathtub)' 혹은 '펀치볼(Punchbowl)'로 불

리는 독특한 그린을 다시 볼 수 있었기 때문이다. 이 특별한 그린은, 예전과 다름없이 나를 유쾌하게 맞아주었다.

14번 홀은, 페어웨이에서 그린이 전혀 보이지 않도록 숨어 있어 정확한 어프로치 샷이 필요하지만, 한편으로는 욕조처럼 움푹 파인 그린 덕분에 경계에 떨어진 공도 중앙으로 굴러 들어가는 재미있는 상황이 벌이지곤 한다.

스릴 넘치는 롤러코스터는 여기서 멈추지 않는다. 17번 홀에서는 페어웨이 한가운데 우뚝 솟은 봉우리가 등장한다. '바이킹의 무덤'이라는 소문이 도는 이 거대한 언덕은, 오른쪽을 질러 갈 것인가, 왼쪽으로 돌아갈 것인가, 아니면 과감히 넘길 것인가 하는 전략적 고민을 안겨줬다.

2005년 처음 이곳을 찾았을 때부터 품었던 크루든 베이에 대한 내 애정은 여전히 뜨거웠다. 이곳만의 생동감과 뚜렷한 문화적 색채는 코스 안팎에 녹아들어 있었다. 클럽

100년 전에 쓰였던 클럽하우스

하우스에서 만난 직원들은 오래전부터 알고 지낸 친구처럼 스스럼없었다. 이런 친밀함과 편안함은 어디에서 비롯된 걸까? 이번 방문에서 나는 그 원인을 짐작할 수 있었다.

라운드를 시작하기 전 아침, 두세 명의 아이들이 당당하게 1번 홀로 향하는 모습을 보았다. 아이들의 자연스러운 태도에 호기심이 동해 말을 걸었고, 아이들은 자신을 루크와 제이크라고 소개했다. 마침 제이슨이 이 장면을 카메라에 담는 데 성공했는데, 이는 크루든 베이 특유의 활기차고 포용적인 분위기를 보여주는 인상적인 순간이었다.

다음 날, 이 아이들로 인해 뜻밖의 인연이 찾아왔다. 내가 크루든 베이에 대해 올린 소셜 미디어 포스트에 어떤 여성이 '좋아요'를 눌렀다. 처음에는 그녀가 어떻게 내 게시물을 보게 되었는지 몰랐지만, 페이지를 살펴보니 금세 영문을 알 수 있었다. 크루든 베이에서 만난 루크와 제이크의 어머니였던 것이다. 그녀의 이름은 멘디였다.

나는 소년들과 나눈 긍정적인 경험을 더 많은 사람들과 공유하고 싶어 멘디에게 DM을 보냈다. 멘디가 허락한다면, 청소년 골퍼들을 호의적으로 지원하는 크루든 베이 클럽의 문화에 대해서 알리고 싶었다. 아래는 우리가 나눈 대화의 일부다.

10월 17일 오후 6시

멘디 님께,
갑작스러운 메시지 드리는 점 양해 부탁드립니다. 오늘 아침 크루든 베이에서 만났던 두 소년의 어머니시라는 걸 알고 이렇게 연락드립니다. 아이들을 참 훌륭하게 키우셨다는 말씀을 꼭 드리고 싶었습니다.
한 가지 부탁드릴 게 있습니다. 이 클럽이 아이들이 멋진 코스에서 마음껏 골프를 즐기도록 지원한다는 사실에 깊은 감명을 받았습니다. 배울 점이 크다고 생각하여, 이 이야기를 더 많은 사람들과 나누고 싶습니다.
오늘 아침, 제 친구가 촬영한 짧은 영상을 함께 보내드립니다. 혹시 괜찮으시다면, 이 영상을 제 소셜 미디어에 게시하고, 앞으로 출간할 골프 에세이에도 소개하고 싶습니다.
답변 주시면 감사하겠습니다. 물론 거절하셔도 괜찮습니다. 그 경우엔 사용하지 않겠습니다.
감사합니다.
— 준

멘디 님의 답장

안녕하세요, 준.
메시지 보내주셔서 감사합니다.
오늘 아이들이 당신과 이야기를 나눴다고 말해줬어요. 아이들은 방문객들과 대화하는 걸 좋아해요. 사람들이 얼마나 멀리서부터 이곳까지 와서 자기들의 홈코스를 경험하는지 궁금해하죠.
이곳 클럽이 훌륭한 골프코스를 갖추었을 뿐 아니라, 주니어 골퍼들을 위해 많은 시간과 노력을 기울이는 곳이라서 저희는 참 운이 좋다고 생각해요. 크루든 베이에서의 하루가 즐거우셨기를 바랍니다. 다행히도 날씨가 좋았네요. 지난 주말엔 그렇게 좋지 않았거든요.
영상은 사용하셔도 좋습니다. 제이크 던컨은 12살, 루크 던컨은 10살이에요. 책이 나오면 꼭 읽어볼게요. 모든 일이 잘되시길 바랍니다. 안전한 여행 되세요.
— 멘디

준의 답장

멘디 님,
영상 사용을 허락해주셔서 정말 감사합니다. 어떤 골프장들은 그린피를 전액 지불한 성인에게만 코스를 개방하는데, 그런 골프장에게 이 영상이 좋은 메시지가 될 거라 믿습니다. 멘디 님의 가정에 좋은 일만 가득하길 바랍니다. 제이크와 루크에게도, 앞으로 행복하고 건강한 삶이 펼쳐지길 진심으로 바랍니다.
편안한 밤 되세요.
— 준

멘디 님의 답장

맞아요, 정말 그래요. 아이들이 골프를 즐기는 것은 장려해야 할 일이에요. 결국 이런 아이들이 미래의 정회원이 될 테니까요. 따뜻한 말씀 감사드립니다.
앞으로 남은 골프 투어도 즐겁고 뜻깊은 시간이 되시길 바랍니다!
— 멘디

Day 29

트럼프 인터내셔널 링크스

트럼프 대통령이 세계 최고의 링크스라 자랑했던 그곳

위치: 스코틀랜드 애버딘
설계자: 마틴 호트리
설립 연도: 2012년
2017 〈GOLF 매거진〉 세계 100대 코스 순위: 46위

2004년 9월, 나는 에든버러 대학교에서 골프코스 설계 석사과정을 마무리하며 졸업작품을 발표했고, 그 자리에서 처음으로 마틴 호트리(Martin Hawtree) 박사를 만났다. 그는 할아버지 대부터 삼대째 골프코스 설계를 가업으로 이어온 세계적인 설계자이며, R&A(영국왕립골프협회)의 코스 자문도 맡았던 인물이다.

내 졸업작품 주제는 마틴 박사의 조부, 프레더릭 조지 호트리가 골프코스 설계에 도입했던 '위장(Camouflage)' 기법에서 영감을 받았다. 나는 그 개념을 나만의 시각으로 새롭게 재해석했다. 자연을 기반으로 벙커, 그린, 페어웨이의 복합적 패턴을 생산하기 위한 형태의 유형론을 개발했는데, 이는 과거 컬럼비아 건축대학원에서 연구한 내용과 유사한, 전통적인 코스 설계 방식에서 벗어나려는 시도였다.

마틴은 내 아이디어에 흥미를 느낀 듯했지만, 직접적으로 논평을 하지는 않았다. 대신 발표가 끝날 무렵, 이렇게 물었다.

"당신의 영웅은 누구인가요?"

나는 주저 않고 대답했다.

"알리스터 매켄지 박사입니다."

그가 이유를 묻자 나는 이렇게 답했다.

"매켄지 박사의 코스 설계에 대한 공헌과 그분이 보여준 삶의 방식에 늘 감탄하고 있습니다."

마틴은 미소를 지었고, 발표에 참석한 교수들과 동료들

도 기분 좋은 웃음을 나눴다.

그날의 성공적인 발표는 내가 골프코스 설계 석사학위를 받는 데 결정적인 열쇠가 되었다.

3년 후, 나는 인천국제공항에서 다시 한번 마틴을 만났다. 그에겐 한국 방문이 처음이었다. 나는 그를 향해 이렇게 인사했다.

"한국에 오신 걸 환영합니다. 100년 전 영국의 찰스 휴 앨리슨이 일본에 와서 일본 골프코스의 역사를 바꾼 바 있습니다. 이제 당신이 클래식 골프코스의 설계와 시공이 어떻게 이루어지는지 보여주러 한국에 오셨네요."

이 만남은 서해안에 대규모 골프장을 계획 중이던 현대건설의 프로젝트와 관련이 있었다. 나는 이 프로젝트의 매니저로서, 제안된 아홉 개 코스의 설계자 중 한 명으로 마틴을 추천했다. 비록 이 계획은 실현되지 못했지만, 이후 몇 년 동안 우리는 꾸준히 연락을 주고받았다.

40일간의 여정을 시작하기 전, 마틴 호트리 박사의 이름이 머릿속을 떠나지 않았다. 옥스퍼드에 있는 그의 사무실, 그리고 현대건설 프로젝트 당시 함께 일했던 기억이 떠올라 '다시 연락해볼까.' 하는 마음이 자꾸 들었다. 하지만 한국을 떠나는 순간까지, 나는 결국 전화를 걸지 못했다.

여행 29일째, 트럼프 인터내셔널 골프 링크스(Trump

International Links)의 메클라우드 하우스에 도착했을 때, 나는 마틴 호트리 박사가 단독으로 설계한 코스를 플레이하게 된다는 사실에 마냥 설렜다. 밸리버니언, 라힌치, 포트마녹, 서닝데일(Sunningdale Golf Club), 턴베리 등 그가 리노베이션한 영국의 클래식 링크스 코스들은 이미 경험해봤지만, 처음부터 끝까지 오롯이 마틴의 손에서 탄생한 코스를 접하는 건 이번이 처음이었다.

호텔에 체크인한 뒤 저녁 식사 시간이 되자, 마침 '마틴'이라는 이름의 컨시어지가 나와 제이슨을 클럽하우스로

← 오프닝 홀: 파5, 백 티 기준 541야드
→ 2번 홀 그린

안내해주었다. 이동 중 나는 코스 설계자 마틴 호트리와의 인연에 대해 이야기했는데, 컨시어지가 이렇게 말하는 것이 아닌가.

"마틴 호트리 박사요? 지금 여기에 계세요. 아마 동료분과 클럽하우스에서 식사 중일 겁니다."

순간 말문이 막히고, 소름이 돋았다.

'호트리 박사가 지금 여기에 있다고?'

식당에 들어서자, 홀 끝 테이블에 앉아 있는 마틴의 뒷모습을 한눈에 알아볼 수 있었다. 나는 조용히 다가가 이렇게 말했다.

"안녕하세요, 마틴. 잘 지내셨어요?"

처음 그는 내 얼굴을 바라보며 이름을 떠올리려 애쓰는 듯했다. 내가 "한국에서 온 준입니다. 함께 프로젝트 했었지

←5번 홀 그린

요"라고 말하자, 그의 얼굴에 안도와 함께 미소가 번졌다.

"맞아요! 준, 기억납니다."

반갑게 인사를 나눈 뒤, 그의 테이블 맞은편에 앉아 있던 여성, 크리스틴에게도 인사했다. 두 사람이 편하게 식사할 수 있도록 나는 일단 자리를 비켜 다른 테이블에 앉았다.

잠시 뒤, 마틴이 내 쪽으로 자리를 옮겨 왔다. 우리는 오래전 함께했던 프로젝트와 그 시절의 추억을 나눴다. 한참을 즐겁게 대화한 뒤, 다음 날 라운드 전에 아침 식사를 함께하기로 약속했다.

이튿날 아침은 골프를 즐기기에 딱 좋은 날씨였다. 클럽하우스에서 마틴, 크리스틴, 제이슨과 함께 식사를 했다. 내 근황을 궁금해하는 그에게, 지난 15년간의 삶과 이번

40일간의 여정에 대한 이야기를 10분으로 압축해 들려주었다. 우리는 라운드가 끝난 뒤 점심도 함께하기로 했다.

이윽고 제이슨과 나는 코스로 나섰다. 설계자의 축복까지 받은 터라, 나는 자신만만하게 1번 티잉 그라운드로 향했다. 이 코스를 두고 전문가들의 평가는 엇갈린다. 어떤 이들은 스코틀랜드인들이 가장 사랑하는 모던 링크스 중 하나라 칭찬했고, 다른 이들은 킹스반스나 캐슬 스튜어트에는 미치지 못한다고 깎아내렸다.

그러나 나는 그런 말들에 흔들리지 않았다. 나만의 기준으로 이 논쟁적인 코스를 직접 경험할 준비가 되어 있었다.

봉준호 감독은 영화 〈기생충〉으로 아카데미 감독상을 수상한 후, '더 투나잇 쇼'에 출연해 영화에 대해 설명해달라는 요청에 이런 말을 남겼다.

"이 영화에 대해 최대한 말을 아끼고 싶어요. 영화는 아무 정보 없이 처음 보는 게 가장 좋거든요."

나는 트럼프 인터내셔널 골프 링크스의 첫 홀 티잉 그라운드에 서서, 그의 말에 100퍼센트 공감했다. 그날의 경험은 모든 소문과 논쟁을 뛰어넘는 것이었다.

호트리 박사가 설계한 코스는 자연 그대로의 사구들 사이에 조화롭게 뿌리내리고 있었다. 형태와 크기가 제각각인 사구들은 플레이 라인, 즉 페어웨이의 중심선을 따라

얽히며, 각기 다른 랜딩 지점에서 한 폭의 그림처럼 풍경을 만들어냈다. 부드러운 굴곡의 그린은 주변 벙커들과 어우러지며, 디테일에 강한 코스 설계의 정수를 보여주었다.

화려하거나 과장된 요소는 철저히 배제하되, 모든 구성 요소들이 때로는 차분하게, 때로는 과감하게 주변 풍경과 조화를 이루고 있었다. 이 코스는 마틴의 삶의 철학, 그리고 삼대에 걸친 헌신이 애버딘 해안의 사구 위에 아름답게 구현된 결과물이었다.

3번 홀 그린 근처에서는 바닷가에 버려진 역사의 유물과 마주쳤다. 제2차 세계대전 당시 사용되었던 군사 벙커가 해변 쪽으로 기울어진 채 남아 있었다. 문득 이런 생각이 들었다. 만약 인류가 지구에서 사라진다면, 이 골프코스는 언젠가 자연의 모습으로 돌아가 그 흔적조차 남지 않

에이지 오마호니와 마틴 호트리 박사와 함께

을 것이다. 오직 이 콘크리트 벙커만이 과거를 증명하는 고요한 유물로 남을 터였다.

라운드를 마친 후, 마틴, 크리스틴, 제이슨과 함께 근처에 새로 조성 중인 트럼프 인터내셔널 링크스의 두 번째 코스 부지를 둘러보았다. 그곳에서 현장 시공 담당자 에이지 오마호니와 코스 설계의 핵심 인물 중 한 명인 피터 스콧을 만나 대화를 나눴다.

이날 내가 플레이한 호트리 박사의 코스를 지금부터 구구절절 설명할 수도 있고, 2025년 8월 개장을 앞둔 두 번째 코스가 어떤 방식으로 조성되고 있는지, 현장에서 목격한 디테일을 조목조목 옮길 수도 있다.

그림 같은 파3 홀: 13번 홀

하지만 나는 봉준호 감독의 말을 따르려 한다.

트럼프 인터내셔널 링크스는 내가 스코틀랜드에서 경험한, 21세기에 세워진 어떤 코스보다도 훌륭한 링크스 코스였다. 나머지 이야기는 그곳에서 직접 몸과 마음으로 경험하는 것이 옳다.

세인트 앤드루스 올드코스에서

↑ 스윌컨 브리지 위에서, 2023년 촬영
← 스윌컨 번과 R&A 클럽하우스
→ 스윌컨 브리지, 2004년 촬영

Day 30

 **에든버러에서의 하루**

에든버러 유학 시절, 나와 동기들은 학교 건물이 있던 로리스턴 플레이스에서 엎어지면 코 닿을 데 있는 브런츠필드 링크스를 놀이터 삼아 늦은 오후 시간을 보내곤 했다. 도심 한가운데에 있는 여느 공원과 다를 바 없어 보이지만, 이 공원을 특별하게 만드는 한 가지 차이점이 있었다. 바로 잔디밭 여기저기에 홀컵이 뚫려 있고, 무릎 높이의 붉은 깃대가 꽂혀 있는 하나의 골프장이라는 점이다. 샌드웨지와 퍼터, 그리고 골프공 하나만 있으면 무려 36홀을 공짜로 플레이할 수 있었다.

브런츠필드 링크스는 1456년까지 거슬러 올라가는 세계 최초의 골프장으로 알려져 있다. 당시에는 18홀이 정규 코스라는 개념조차 없었기에, 에든버러 구도심 한복판에서도 골프가 가능했다.

친구들과의 친선 경기에는 언제나 소박한 맥주 한잔이

걸려 있었다. 대부분 30야드 이내의 숏게임과 퍼팅으로만 진행되었고, 경기가 끝나면 늘 근처의 '골프 태번(Golf Tavern)'으로 자리를 옮겨 로컬 양조장에서 빚은 맥주 한잔으로 하루를 마무리했다.

브런츠필드는 골프와 일상이 자연스럽게 교차하는 독특한 장소였다. 산책을 즐기는 사람들, 반려견을 데리고 골퍼들 사이를 오가는 이들, 햇살 좋은 날이면 근처 아파트에서 가져온 소파에 앉아 일광욕을 즐기는 젊은이들까지, 모두가 생동감 넘치는 풍경의 일부였다. '골프는 모두를 위한 스포츠'라는 철학을 그대로 말해주는 장면이라 할 만했다. 이 철학은 골프의 발상지 스코틀랜드에 자연스럽게 뿌리내린 정서이기도 하다.

Day 31

 # 로열 트룬 골프클럽
포스티지 스탬프 홀을 아시나요?

위치: 스코틀랜드 트룬
설계자: 찰스 헌터, 조지 스트래스, 윌리 퍼니, 제임스 브레이드, 매켄지&에버트
설립 연도: 1878년
2023 〈GOLF 매거진〉 세계 100대 코스 순위: 66위

트룬으로 떠나기로 한 아침, 에든버러에는 폭풍우가 몰아쳤다. 창문을 세차게 두드리는 비바람 소리에 잠이 깨서 짐을 챙겨 들고 로비로 향했다. 호텔 입구의 계단을 내려가다 맞은편에 주차된 렌터카를 보는 순간, 뭔가 이상하다는 느낌이 들었다. 조수석 쪽 뒷바퀴가 펑크 나 차가 주저앉아 있었던 것이다. 나는 멍하니 이 광경을 바라보며 속으로 중얼거렸다.

'설마 또….'

로열 트룬(Royal Troon Golf Club)의 티타임은 오전 11시

였고, 트룬까지는 최소 한 시간 반 이상이 걸리는 거리였다. 나는 휴대폰 로밍으로 렌터카 회사, 본사 사고 접수센터, 그리고 지역 타이어 긴급 서비스 업체에 수십 통의 전화를 걸었다. 결국 돌아온 답은, 서비스 차량이 도착하려면 한 시간 이상 기다려야 한다는 것. 확실한 한 가지는, 트룬에 제시간에 도착하기란 이미 물 건너갔다는 사실이었다.

나는 지푸라기라도 잡는 심정으로 로열 트룬의 프로숍에 전화를 걸었다. 상황을 설명하며, 혹시 티타임을 오후로 조정할 수 있느냐고 물었다. 수화기 너머로 들려온 답변은 샌디 힐스의 이글 퍼트만큼이나 달콤했다.

"지금 저희 쪽도 강풍과 비 때문에 예약을 취소하신 분들이 많아요. 오후엔 자리가 넉넉하니, 안전 운전하시고 천천히 오세요."

호텔 로비에서 한참을 기다린 끝에 타이어 수리 차량이 도착했고, 기술자는 신속히 문제를 해결해주었다. 범인은 큼직한 못 하나였다. 새 타이어로 교체를 마치고 나니, 이

2번 홀의 항아리형(레벳) 벙커들

제 할 일은 하나뿐이었다. 오후 티타임에 맞춰, 로열 트룬까지 안전하게 달려가는 일이었다.

내가 처음으로 링크스 골프를 접한 것은 2004년, 제113회 디 오픈 챔피언십이 열린 로열 트룬 골프클럽의 올드 코스에서였다. 그 극적인 일요일, 미국의 무명 선수 토드 해밀턴(Todd Hamilton)이 남아프리카공화국의 메이저 챔피언 어니 엘스(Ernie Els)를 상대로 연장전 끝에 클래럿 저그를 들어 올렸다. 나는 트로피 시상식이 끝난 후 18번 홀 페어웨이를 걸어볼 수 있었다. 페어웨이 곳곳에 버티고 있는 레벳 벙커 앞에 서자, TV에서만 보던 무시무시한 존재감이 피부에 와닿았다. 그날 로열 트룬 올드 코스와 만났던 경험은, 링크스 골프의 세계로 첫발을 내딛는 완벽한 전주곡이었다.

그해 말, 나는 에든버러 대학교 골프코스 설계 과정의 교수진과 동기들과 함께 다시 트룬을 찾았다. 사진을 찍고 스케치를 하며 걷다가 도달한 코스 끝단의 종착지는 '포스티지 스탬프(Postage Stamp)'라 불리는 파3 홀이었다. 그날 황혼 속에서 바라본 로열 트룬 올드 코스의 실루엣은 아름다운 링크스의 풍경으로 기억 속에 남았다. 그로부터 18년 후, 나는 드디어 로열 트룬에서 첫 라운드를 하게 되었다. 아침에 벌어진 타이어 펑크 소동에도 불구하고, 오후 1시 30분 티타임에 맞춰 무사히 도착할 수 있었다. 오히려 시간이 남는 바람에, 클럽하우스 바에서 따뜻한 수프 한 그릇과 모닝 롤로 허기를 달랬다.

예정된 시간이 다가오자, 아침의 폭풍우는 거짓말처럼 잦아들었다. 한 달 넘는 여정 중 가장 고요한 날씨였다. 마치 아침의 고난이 숨겨진 축복이기라도 했던 것처럼, 평온하고 청명한 무대가 눈앞에 펼쳐졌다.

로열 트룬 올드 코스는 '진정한 골프의 시험장'이라 할 만했다. 훌륭한 토너먼트 코스의 기준에 대해 묻는다면, 나의 대답은 이렇다. 완벽한 샷과 좋은 샷, 좋은 샷과 평범한 샷의 결과가 확연히 갈리는 곳이라야 메이저 대회가 열릴 자격이 있다. 로열 트룬 올드 코스는 그런 세밀한 변별력을 갖춘 곳이었다.

1번 홀부터 6번 홀까지는 예측 가능한 링크스 코스의 전형이었다. 특히 바람의 변수가 없던 그날 오후에는 미리 세운 전략대로 무난하게 플레이할 수 있었다. 하지만 진짜 도전은 7번 홀 텔엘케비르(Tel-el-Kebir)에서 시작되었고, 이어지는 악명 높은 포스티지 스탬프까지 계속되었다.

80평 남짓한 작은 그린을 다섯 개의 포트 벙커가 둘러싸고 있다. 그중에서도 우측 전방에 도사린 벙커는 '코핀(Coffin, 관)'이라는 별명이 붙을 만큼 깊고 무섭다. '우표 한 장 크기'에 비유되는 자그마한 그린의 가장 좁은 폭은 겨우 8미터에 불과하다. 바람 잘 날 없는 변화무쌍한 스코틀랜드의 날씨 속에서, 단 123야드밖에 되지 않는 짧은 파3 홀은 순식간에 야수로 돌변하곤 한다. 1997년 마스터즈 챔피언이었던 타이거 우즈도 같은 해 열린 디 오픈에서 코핀 벙커에 빠져, 두 번 만에 탈출한 끝에 더블보기를 기록했을 정도로 악명 높은 곳이다.

최선의 전략은 그날의 홀컵 위치와 상관없이, 그린 위에 공을 안착시켜 멈추기를 바라는 것이다. 나는 9번 아이언을 잡고 리드미컬한 스윙으로 높은 탄도의 샷을 날렸다. 공은 아름다운 곡선을 그리며 날아올라 그린 중앙, 홀컵 바로 옆에 부드럽게 떨어졌다. 깻잎 한 장 차이로 버디 퍼트를 놓친 것은 아쉬웠지만, 포스티지 스탬프에서 파를 기

↑ '텔엘케비르', 1882년 전투에서 이름을 딴 홀
↓ '포스티지 스탬프', 파3, 123야드

록한 그 순간은 기억에 남을 좋은 추억이 되었다.

로열 트룬의 후반 9홀은 날씨가 평온했음에도 결코 만만치 않았다. 특히 마지막 4개 홀은 눈에 띄게 위협적이진  않았지만, 전반보다 훨씬 센 강도로 나를 압박했다. 탐욕스럽게 입을 벌린 페어웨이 벙커들, 까다로운 그린, 그리고 그린 전방 60~70야드 구간의 변화무

9번 홀 그린 위를 지나가는 비행기

↑ 11번 홀의 신설 챔피언십 티에서 바라본 전경
↓ 벙커 보수 공사로 임시 사용 중인 18번 홀 그린

쌍한 굴곡을 자랑하는 좁은 페어웨이는 예측 불가한 다양한 함정을 숨기고 있었다. 이곳에서의 골프는 오랜 링크스 경험으로 단련된 빠른 판단력이 필요했다.

로열 트룬의 올드 코스는 2024년 디 오픈 개최를 앞두고 부분적인 리노베이션을 진행했다. 클럽 측은 전체 18개 홀 중 6개 홀의 티잉 그라운드를 이동하고 코스를 연장했다고 한다. 이는 세계 최고의 골퍼들에게 더욱 힘겨운 도전의 무대를 제공하기 위한 조치였다.

이번 여정 동안 나는 골프코스 설계 분야에서 벙커 디자인에 관한 세계적인 흐름을 관찰할 수 있었다. 호주, 일본, 스코틀랜드, 잉글랜드의 여러 코스들은 전통적인 레벳 벙커로부터 자연스러운 형태의 블로우아웃 벙커로 변화하는 추세가 두드러졌다. 미학적인 이유만이 아니라 관리 비용을 줄일 수 있다는 경제성 덕분에 이런 변화가 한층 가속화되었다.

소셜미디어를 포함한 다양한 디지털 채널들은 이런 현상을 널리 공유하고 있으며, 덕분에 이런 변화는 거부감 없이 자연스럽게 수용되는 분위기이다. 세계 유수의 명문 클럽들이 채택한 이러한 추세는, 장기적인 측면에서 지속가

레벳 벙커 벽 보수 장면, 2004년 촬영

↑ 16번 홀의 쌍둥이 나무 다리, 2023년 촬영
↓ 16번 홀의 쌍둥이 나무 다리, 2004년 촬영

능한 코스 관리 방식으로 자리 잡을 것이다.

하지만 나는 영국과 아일랜드에 흩어져 있는 3,500여 개의 골프코스 가운데, 적어도 여섯 곳만큼은 레벳 벙커의 원형이 그대로 보존되기를 간절히 바란다. 세인트 앤드루스 올드 코스, 뮤어필드(Muirfield), 카누스티(Carnoustie Golf Links), 로열 트룬, 프레스트윅(Prestwick Golf Club), 그리고 포트마녹. 이 여섯 개의 클래식 링크스 코스는 시대를 초월한 존재로, 골프라는 게임의 유산이자 링크스 골프의 진수를 오롯이 경험하게 해주는 최고의 무대다. 골프의 본질이 무엇인지 되새기고 싶을 때 돌아가고 싶은 장소로 언제까지나 변함없이 남아 있길 바랄 뿐이다.

Day 32

프레스트윅 골프클럽

세계 최고의 메이저,
디 오픈이 시작된 그곳

위치: 스코틀랜드 프레스트윅
설계자: 올드 톰 모리스
설립 연도: 1851년
2023 〈GOLF 매거진〉 세계 100대 코스 순위: 63위

골프코스의 가치는 무엇으로 정할 수 있을까? 세인트 앤드루스의 올드 코스를 예로 들어보자. 그곳은 가장 아름다운 경관을 자랑하는 것도 아니고, 회원들에게만 열려 있는 특권층의 공간도 아니다. 오히려 매주 일요일에는 특별한 대회가 없는 한 골프가 금지된다. 지역 주민과 방문객들이 자유롭게 산책을 즐기는 공원이 되기 때문이다. 하지만 그곳의 1번 홀 티잉 그라운드에 서면, 심장이 쿵쾅거리는 것을 느낄 수 있다. 골프라는 스포츠가 태어난 장소이자, 역사에 기록된 최고의 골퍼들이 경쟁했던 바로 그곳에서 플

레이한다는 사실이 온몸을 전율케 한다.

  이런 역사적인 가치가 뛰어난 골프장 중 하나가 바로 프레스트윅 골프클럽이다. 1860년, 이곳에서 디 오픈이 시작되었다. 1861년부터는 프로와 아마추어 모두에게 참가 자격이 주어지면서 대회명에 처음으로 'Open'이라는 단어를 쓰게 되었다. 세인트 앤드루스 올드 코스가 500년 넘는 골프 역사의 흔적이 겹겹이 쌓인 '팔림프세스트(Palimpsest)'라면, 프레스트윅은 세계에서 가장 오래된 골프 챔피언십의 살아 있는 증거라 할 수 있다.

  2004년, 나는 동료들과 함께 프레스트윅의 전반 9개 홀을 걸으며 코스를 체험했다. 플레이를 하지는 않았지만, 눈으로 보기에도 코스는 고유한 도전 요소들로 가득했다. 크기와 형태가 다양한 사구를 넘겨 블라인드 샷을 해야 하고, 기묘한 모양의 벙커들을 지나야 하는 프레스트윅은 상당히 흥미롭고 도전적인 골프의 시험장이었다.

  그중에서도 10번 홀에서의 장면은 아직도 기억에 생생하다. 10번 티잉 구역 근처의 모래언덕 위에 서서 카메라 뷰파인더로 주변 풍경을 살피던 중, 초록색 스웨터를 입은 골퍼와 그 곁을 지키던 초콜릿색 래브라도 리트리버의 모습이 눈에 들어왔다.

  잠시 후 놀라운 광경이 펼쳐졌다. 그의 티샷이 오른쪽

러프로 향했을 때였다. 스핑크스처럼 자세를 고정하고 주인을 기다리던 래브라도는 공이 날아가는 방향으로 전력 질주했다. 페어웨이로 연결된 다리를 건너 러프 속으로 뛰어든 개는, 능숙하게 공을 찾아낸 뒤 주인이 도착할 때까지 그 자리를 묵묵히 지키고 있었다.

나는 그 놀라운 순간을 카메라에 담았고, 귀국 후에는 그날의 이야기를 사진과 함께 한 골프 월간지에 기고했다. 국내 독자들의 반응은 뜨거웠다. 반려동물과 함께 골프를 즐긴다는 이야기가 사람들의 마음을 움직인 듯했다. 아쉽게도 그때나 지금이나, 한국에서는 이런 문화를 좀처럼 상상하기 어렵다.

스코틀랜드와 잉글랜드의 골프 문화는 유난히 반려견 친화적이다. 웬트워스(Wentworth Golf Club), 서닝데

래브라도 리트리버와 함께한 골프 라운드, 2004년 촬영

일, 세인트 앤드루스, 뮤어필드, 턴베리, 스윈리 포레스트 (Swinley Forest Golf Club) 같은 명문 코스들이 반려견 동반을 허용하는 것으로 잘 알려져 있다. 이곳에서는 개들이 주인을 따라 코스에서 여유롭게 산책을 즐긴다. 주인을 잘 만난 덕에, 개들도 골프를 간접적으로나마 경험할 수 있는 나라가 바로 영국이다.

프레스트윅에서 라운드를 하던 날은, 시속 40킬로미터에 달하는 거센 바람이 몰아쳤다. 그날의 새로운 동반자는 잉글랜드 출신의 마이클 베리티로, 프로급 실력을 갖춘 골퍼였다. 우리 둘 다 이 코스는 처음이었는데, 매 홀마다 넘치는 특유의 매력에 감탄을 금치 못했다. 마치 타임머신을 타고 160년 전으로 돌아간 듯한 기분이었다. 초창기 디 오픈이라는 대서사시를 연상케하는 감동이 그곳에 있었다.

프레스트윅에서 중요한 홀을 꼽는 것은, 명작 영화에서 최고의 장면을 고르는 것만큼이나 어려운 일이다. 하지만 그중 가장 기억에 남는 세 개의 홀을 소개해보려 한다.

3번 홀 '카디널(Cardinal)'은, 처음 보았을 때부터 지울 수 없는 강렬한 인상을 남겼다. 이 홀은, 우측으로 꺾이는 페어웨이 랜딩 존을 '카디널'이라 불리는 벙커가 가로지른다. 다만, '카디널'이라는 이름이 어디에서 온 것인지는 아직도 수수께끼로 남아 있다. 몇 가지 떠도는 설이 있는

↑ '카디널' 벙커, 3번 홀
↓ 망각으로의 모험: '히말라야스', 5번 홀

데, 하나는 '카디널'이 '추기경'이라는 뜻 외에 '중요한 위치'를 뜻하기도 하니, 이 홀에서 벙커가 차지하는 위상이 그만큼 위협적이고 중요하다는 해석이다. 또 다른 설은 'Cardinal Sin(치명적인 죄악)'이라는 표현에서 따왔다는 것인데, 이 홀에서 거리 계산을 잘못해 벙커에 빠질 경우 큰 대가를 치른다는 소리다.

둘 다 그럴듯한 추론이지만, 나는 조금 더 상상력을 발휘해봤다. 세인트 앤드루스 올드 코스의 '애드미럴 벙커(Admiral Bunker)'처럼, 혹시 이 홀을 플레이하던 실제 '추기경(Cardinal)'에 얽힌 흥미로운 사건이 있었던 게 아닐까?

카디널 홀을 플레이하는 건 마치 전쟁터의 참호 속으로 들어가는 기분이었다. 영화 〈1917〉에 나오는 제1차 세계대전의 전장이 떠올랐다. 캐디는 이 홀의 그린을 안전하게 공략하려면 세 번에 나눠 치라고 조언했다. 위압적인 카디널 벙커를 생각하면 합리적인 선택이었다. 나는 카디널 벙커 전방에 티샷을 레이업하고, 그 너머 보이지 않는 공간을 향해 미드 아이언으로 두 번째 샷을 날렸다. 그런 다음 벙커 오른쪽으로 이어진 좁은 자갈길을 따라 올라갔더니, 공은 세 번째 샷으로 그린을 공략하기 좋은 위치에 놓여 있었다.

카디널 홀의 페어웨이와 벙커는 4번과 17번 홀 티잉 구역 사이의 좁은 공간에 걸쳐 있어, 주변 홀을 플레이하고 있는 골퍼들의 동선을 예의주시하며 진행해야 한다. 마치 사방에서 날아드는 유탄에 대비해 철모라도 써야 할 것 같은 긴장감이 느껴졌다. 하지만 실제로는 방문객 수가 많지 않고, 플레이어들 간에 암묵적인 룰이 정해져 있어서, 안전에 위협을 받는 상황은 생기지 않는다.

'히말라야스(Himalayas)'라는 이름의 5번 홀은 분명 네팔

↑↑ '알프스' 홀, 17번 홀 티잉 그라운드
↑ 17번 티에서 본 5번 벙커 벽 너머 페어웨이
↓ '사하라' 벙커 뒤쪽에 있는 17번 홀 그린

의 산맥에서 영감을 받았을 것이다. 그 이름을 붙인 사람은 꽤 유머러스한 인물이었으리라. 거대한 모래언덕이 앞을 가로막고 있어 그린이 전혀 보이지 않는 블라인드 파3홀이다. 티잉 그라운드에서 100야드 전방에 솟아 있는 모래언덕이 무너지지 않도록, 타르칠을 한 철도 침목으로 지탱해놓은 모습은 꽤 위협적으로 느껴졌다.

이 히말라야 사구를 넘겨 공을 그린에 올리는 일은 마치 망각의 세계로 들어가는 듯한 경험을 준다. 이 도전적인 홀에서 생존을 가르는 건 운일까, 실력일까, 아니면 그 둘의 조합일까? 골프를 치며 햄릿의 대사를 떠올릴 일은 드물지만, 히말라야스에서만큼은 이 문장이 절묘하게 어울린다.

"사느냐, 죽느냐, 그것이 문제로다."

프레스트윅이 골퍼에게 작별 인사를 건네기 전, 마지막

'내로우스(Narrows)', 15번 홀

으로 준비한 깜짝 쇼는 17번 홀 '알프스(Alps)'에서 펼쳐진다. 바로 옆 카디널 홀과 연결된 벙커를 넘겨 완벽한 티샷을 날린 뒤, 나는 페어웨이에서 또 하나의 장애물과 마주쳤다. 그린을 가로막고 선, 알프스 산맥 같은 커다란 사구였다.

'그럼 그렇지. 히말라야로 끝낼 리 없잖아. 알프스도 있어야 균형이 맞지.'

속으로 이런 생각을 하며 언덕을 단숨에 뛰어올라가, 그 너머에 무엇이 기다리고 있는지 확인했다.

경기 후반에 이르러 이런 식의 도전에도 어느 정도 면역이 생긴 나는, 알프스를 넘기는 웨지 샷도 무난하게 구사할 수 있었다. 공이 어디쯤 떨어졌을까 궁금한 마음으로

다시 언덕 위로 올라갔을 때, 그린보다 넓어 보이는 '사하라(Sahara)' 벙커 너머로 내 공이 무사히 안착해 있는 걸 발견하고 안도의 한숨을 내쉬었다.

후반으로 갈수록 거세진 바람에 휘둘리며 좌충우돌하는 상황이 벌어졌다. 살아남기 위해 — 여기서 '살아남는다'는 건 핸디캡 스코어를 지키기 위해 온 힘을 다한다는 뜻이다— 갖은 애를 썼지만, 결국 핸디캡보다 12타를 더 치며 라운드를 마무리했다.

하지만 실망하진 않았다. 사실은 정반대였다. 프레스트윅에서의 첫 라운드는 일생에 단 한 번뿐인 특별한 경험이었다. 골프라는 스포츠를 이렇게도 매혹적인 도전으로 만들어준 이 코스에 그저 감사할 따름이었다. 마치 살아 숨 쉬는 골프 박물관을 관람하고 나온 듯한 기분이었고, 언젠가 꼭 다시 돌아와 도전하겠다는 마음이 들었다.

라운드를 마친 뒤 클럽하우스로 돌아오자, 총지배인 켄 구드윈 씨가 우리를 클럽의 역사 아카이브로 초대해주었다. 160년에 걸쳐 수집된 수많은 골프 유산이 보관된, 그야말로 보물창고 같은 공간에 발을 디딘 것은 영광 그 자체였다.

수많은 역사적 유물 가운데 가장 눈길을 끈 것은, 1864년 디 오픈 당시의 우승자 올드 톰 모리스가 기록한 스코어 카드 원본이었다. 현존하는 세계에서 가장 오래된 이 스코어 카드는 두꺼운 투명 플라스틱 케이스에 담겨, 화재에도 견딜 수 있는 금고 속에 보관되어 있었다. 챔피언 골퍼 올드 톰 모리스가 직접 연필로 적어 내려간 숫자들을 마주하는 순간은, 그야말로 경이로웠다. 12홀 코스에서 사흘간 기록한 54, 56, 55타의 점수가 손바닥보다 작은 스코어 카드 위에 또렷하게 남아 있었다.

구드윈 씨와 클럽 측의 배려로 이 아카이브를 둘러볼 수 있었던 일은, 프레스트윅에서의 하루를 마무리하는 완벽한 피날레였다.

Note.

프레스트윅 골프클럽을 방문하면, 클럽 다이닝룸에서 점심 만찬을 경험해보길 추천한다. 클럽하우스의 라커룸에서 환복할 수 있다. 드레스 코드는 다음과 같다.

· 남성: 자켓, 와이셔츠, 타이
· 여성: 스마트 캐주얼(상의: 블라우스나 니트 스웨터 / 하의: 롱스커트나 정장 바지) 혹은 드레스

다이닝 룸에서의 점심은 재킷, 와이셔츠, 넥타이가 필수

프레스트윅 골프클럽

Day 33

턴베리 에일사

터너의 풍경화 속에서 경험하는
숭고한 골프

위치: 스코틀랜드 턴베리
설계자: 윌리 퍼니, 필립 매켄지 로스, 매켄지&에버트
설립 연도: 1902년
2023 〈GOLF 매거진〉 세계 100대 코스 순위: 18위

일부 전문가들은 골프코스를 평가할 때 실제 플레이를 배제하는 방식을 택한다. 자신의 골프 실력이나 선호하는 샷 패턴 등 개인적 취향에서 벗어나 더 객관적인 평가를 하기 위해서라는 것이다. 하지만 그런 평가 방식에 어떤 의미와 재미가 있을까? 의미와 재미를 떠나, 과연 좋은 방법일까?

이는 마치 자동차 평론가가 새로 출시된 레이싱카를 앞에 두고도 운전석에 앉는 것을 마다하는 것이나 다름없다. 전속력으로 질주해보지도, 코너를 돌아 피니시 라인을 통과하는 짜릿한 체험을 하지도 않은 채, 그저 차의 소재나

턴베리 에일사 10번 홀, 2004년

색상, 외형, 엔진 사양만을 나열하는 것과 같다. 이를 진정한 평가라고 할 수 있을까? 레이싱카의 본질이 '달리는 것'에 있듯, 골프코스의 본질도 '플레이'에 있다. 따라서 코스를 직접 플레이하면서 평가하는 것이야말로 자연스럽고 타당한 방법이다. 한 번이 아닌 여러 차례 플레이할수록 더 많은 것을 보게 될 것이고, 평가의 깊이도 더해질 것이다.

최근까지도 턴베리의 에일사 코스는 내 마음속에 그저 한 폭의 아름다운 그림으로만 존재해왔다. 플레이해보기를 늘 간절히 바랐지만, 그저 바람으로만 그쳤을 뿐이다. 마침내 에일사의 단단한 페어웨이와 그린을 밟고, 역동적인 지형의 굴곡을 걸으며, 날카로운 바위 절벽과 파도를 넘겨 플레이할 기회가 왔다.

턴베리 호텔에 도착하자, 18년 전 스코틀랜드 서쪽 해안, 에어셔 지방의 링크스 코스들을 답사하던 때가 생각났다. 그 당시 마미야 카메라로 촬영했던 에일사 10번 홀 사진은 지금도 서울 사무실 벽에 걸려 있다. 그렇게 오랫동안 품어온 꿈인 에일사에서의 라운드가, 여정의 33일째 날 마침내 현실이 된 것이다.

에든버러에서 골프코스 디자인을 공부하던 시절, 나는 18세기 영국의 정치가이자 철학자인 에드먼드 버크(Edmund Burke)의 저서 《숭고미와 우아미의 기원에 관한 철학적 탐구》(A Philosophical Enquiry into the Origin of Our Ideas of the Sublime and Beautiful)에 깊은 감명을 받았다. 그의 미학 이론의 영향으로 나는 '숭고미, 회화적 풍경미, 우아미 사이의 비교(Sublime vs. Picturesque and Beautiful)'라는 주제를 연구했고, 이를 통해 골프코스 설계에서 코스 체계를 분류하는 작업을 진행했다. 지구상에 존재하는 수많은 코스 중에서도 이 세 가지 미적 가치를 모두 갖춘 곳은 열 손가락에 꼽을 만큼 드물다. 그리고 바로 그 특별한 코스 중 하나가, 턴베리의 에일사 코스다.

에일사에는 골퍼의 집중력을 시험하는 홀이 여럿 있다. 티잉 그라운드에 서서 바람과 파도에 맞서 절벽 너머의 그린을 바라보는 순간, 누구나 자신에게 묻게 된다.

 '이 도전을 이겨낼 수 있을까?'

 '바람을 뚫고 절벽을 넘길 수 있을까?'

 '공을 바다에 빠뜨리지 않고 그린까지 보낼 수 있을까?'

 에일사에서 느낄 수 있는 숭고미는, 윌리엄 터너의 풍경화에서 느껴지는 장엄함과도 닮았다. 거대한 자연 속에 미약한 인간의 존재를 대비시키며 불러일으키는 감정은, 한편으론 동양의 산수화의 미적 감성과도 일맥상통한다.

 에일사에서의 라운드는 터너의 그림 속을 걷는 것과도 같다. 세상 어느 골프코스에서 이토록 아름다운 등대를 만날 수 있을까? 턴베리의 상징인 하얀 등대는, 이를 마주보며 플레이하는 골퍼에게 단순한 풍경을 넘어 하나의 이정표가 된다.

 7번 홀 오르막 페어웨이를 걷다 보면, 처음으로 등대가 얼굴을 내밀고, 이어지는 8번 홀 티잉 그라운드에 서면 등대는 마침내 그 모습을 완전히 드러낸다. 그러나 진정한 하이라이트는 파3, 9번 홀 티잉 그라운드다. 등대가 솟아 있는 바위까지 이어진 거친 절벽과, 그 아래로 파도 치는 바다를 넘겨야 한다. 그 광경에 압도되어 마음속에 아주 작은 의심이라도 피어나는 순간, 몸과 마음은 긴장하게 되고 공을 바다에 빠트리는 비극이 시작된다.

양대 세계대전 중 전사한 영국 공군을 추모하는 12번 홀의 기념비

곧이어 펼쳐지는 571야드 파5 홀은 더 큰 반경을 그리며 해안선을 따라 뻗어 있다. 이 홀은 거친 자연을 등에 업고 우아한 풍경으로 골퍼를 감싼다. 이렇게 7번 홀에서부터 시작된, 등대를 따라가는 여정은 10번 홀 그린에서 비로소 아름답게 마무리된다.

홀컵에서 공을 꺼내 들고 뒤를 돌아보면, 바람에 펄럭이는 깃발과 파도, 바위, 그리고 구름이 수놓는 경이로운 풍경이 펼쳐진다. 그 너머 수평선 위로는 에일사 섬이 떠 있고, 등대는 묵묵히 그 바다를 바라보고 있다.

영국의 수많은 명문 링크스 코스의 리모델링에 참여한 설계자 매켄지&에버트는, 에일사의 네 개의 홀을 바닷가

10번 홀 그린을 향한 세 번째 샷

절벽 쪽으로 더 가까이 옮겨 극적인 효과를 한층 끌어올렸다. 마치 화가가 캔버스 위에 여러 겹의 레이어를 덧입혀 한 폭의 풍경화를 완성하듯, 에일사 코스는 120년에 걸쳐 코스 설계의 대가들의 손을 거쳐 지금의 모습을 갖게 된 것이다.

세계 100대 코스를 모두 플레이해본 친구 중 하나는, 세계 2위에 올라 있는 몬터레이 반도의 사이프러스 포인트 클럽(Cypress Point Club)이 유일하게 에일사를 능가하는 극적인 아름다움을 지녔다고 말한다. 언젠가는 나도 꼭 사이프러스 포인트를 플레이할 수 있으리라 믿는다. 그때 사이프러스 포인트는 과연 에일사를 뛰어넘는 감동을 줄 수 있을지 벌써부터 기대와 설렘이 교차한다.

호텔로 돌아와, 이번 여행에서 가장 높은 점수를 주었던 로열 도노크와 턴베리 에일사의 스코어 카드를 꺼내놓고 나란히 비교해보았다. 코스를 플레이할 때마다 스코어 카드에 간단한 의견을 적고, 각 홀마다 점수를 매기는 루틴은 내 오랜 습관이다.

두 코스의 18홀 점수를 따져본 결과는 마치 호랑이와 사자를 비교하는 것 같았다. 힘과 용맹함에서는 막상막하지만 태생과 성격은 전혀 다른 야수처럼, 로열 도노크와 턴베리 에일사는 서로 다른 방식의, 그러나 어느 하나도 포기할 수 없는 매력을 지닌 코스였다. 도노크는 전략적인 홀 설계에서 높은 점수를 받았고, 에일사는 자연의 아름다움과 조화를 이루는 코스의 조형미로 높게 평가 받았다. 두 곳 모두, 여러 번 반복해서 경험할수록 그 매력에 더 빠져들게 되는 세계적인 명품 코스임에 틀림없었다.

숭고미, 회화적 풍경미, 우아미 사이의 비교

카운티 슬라이고의 멀라그모어 헤드

341

아일랜드 카운티 슬라이고의 멀라그모어 헤드 끝자락에서, 강풍을 가르며 티샷을 날려 파도치는 절벽 너머로 공을 보내는 장면을 상상해보라. 믿기 어렵겠지만, 이런 비현실적인 골프가 실제로 존재한다. 에일사의 9번 홀 같은 곳에서 말이다. 골프를 통해서만 얻을 수 있는 이런 전율은 아드레날린을 분출시키기에 충분하다. 골프가 줄 수 있는 가장 극적인 순간 중 하나이기도 하다.

아무리 깊은 협곡일지라도, 파도와 바람이 없다면 이 짜릿한 경험을 재현할 수 없다. 발밑에서 요란하게 부서지는 파도 소리, 귀청을 울리는 바람 소리. 이런 감각적인 요소들이야말로 영화 같은 골프의 클라이맥스 씬을 완성하는, 대체 불가능한 조연들이다.

Day 34

추억의 길을 걷다

아침에 제이슨을 공항에서 배웅한 뒤, 나는 추억이 깃든 장소들을 되짚어보려 에든버러 시내로 향했다. 첫 목적지는 2년 가까이 살았던 리스 워크의 아파트로, 플레이하우스 근처였다.

차를 멈추고 잠시 그 자리에 머물렀다. 매일 아침 학교에 가기 위해 2층 버스를 탔던 정류장, 아시아 음식이 그리울 때 찾곤 하던 타이 음식점, 머리를 이상하게 잘라놓아 깜짝 놀랐던 길 건너 미용실까지, 모두 그대로 자리를 지키고 있었다. 추억이 깃든 장소를 뒤로하고 로리스턴 플레이스로 차를 몰았다. 내가 다녔던 에든버러 예술대학(ECA)이 있는 거리다.

네비게이션 없이도 찾을 수 있는 익숙한 길을 따라가다 보니, 천국으로 이어지는 계단처럼 우뚝 솟은 '아서의 왕좌'가 저 멀리 눈에 들어왔다. 머스 커닝햄의 안무에 매혹되었던 페스티벌 극장, 따스한 베이지색 샌드스톤이 인상적이었던 스코틀랜드 국립박물관도 차창 너머로 스쳐 지나갔다. 그리고 마침내, 에든버러 예술대학의 헌터 빌딩 앞에 도착했다.

이 건물은 내가 골프코스 설계를 공부했던 곳이다. 동료들과 수없이 많은 밤을 세운 스튜디오에 다시 한번 가보고 싶었지만, 바코드가 부착된 학생증 없이는 건물 안으로 들어갈 수 없었다. 밖에서 서성이고 있는데, 주말에도 학교에 온 여학생이 눈에 띄었다. 졸업생이라는 신분을 밝히

고, 잠시 스튜디오를 둘러보고 싶다고 말하니 친절하게도 나를 먼저 들여보내 주었다.

복도를 따라 줄지어 있는 스튜디오에는 패션, 조소, 회화, 도예, 건축 등 다양한 분야의 작품들과 디자인 스케치들이 가득했다. 열정으로 빛나는 그 공간에 서 있던, 옛날의 내 모습이 겹쳐 보였다. 그리고 문득 이런 질문이 떠올랐다.

'나는 지금 어떻게 살고 있는가?'

그 시절을 회상하며, 학교 근처 단골집인 '닥터스 펍'에 들러 기네스 맥주 한잔을 주문했다. 첫 가을 학기가 시작되기 세 달 전, 헌터 빌딩을 찾았던 날의 기억이 생생했다. 그날 학교 행정실에서 들은 소식은 충격 그 자체였다. '지원자가 부족해 가을 학기가 개설되지 않았다'는 것이다. 도저히 받아들일 수 없는 어이없는 통보였다.

나는 곧바로 학장과의 면담을 요청했고, 다음 날 학교 측이 준비한 회의에서 내 입장을 분명히 밝혔다.

"약속된 날짜에 반드시 개강해야 합니다. 어떤 변명도 받아들일 수 없어요. 2주 안에 답이 없으면 법적 조치를 취하겠습니다."

나를 포함한 합격자 다수가 이런 중대한 사안을 아직까지 전달받지 못했다는 점, 그리고 그 상황이 얼마나 불합리한지를 강하게 이야기했다. 동시에, 학교가 문제를 바로

잡기에 아직 늦지 않았다는 사실도 빠뜨리지 않았다. 다행히 학교 측도 뒤늦게 사안의 심각성을 인지한 듯했다. 그로부터 일주일 만에, 학기가 예정대로 시작된다는 이메일이 도착했다.

돌이켜보면, 그때 학교의 결정을 순순히 따랐다면 지금의 나는 없었을 것이다. 절박함 속에서 용기가 생겨났고, 그 결정은 내 인생의 방향을 완전히 바꾸어놓았다.

바텐더가 한잔 더 하겠냐고 물었다. "18년 전 단골이었다"고 말하자, 그는 기네스 하프 파인트를 건네며 빙긋 웃는다.

"이건 서비스예요(It's on the house)."

잠시 후 거리로 나와 브런츠필드 링크스와 메도우 파크를 걷고, 캔들메이커 스트리트의 상점들을 구경했다. 에든

버러 같은 도시에서 살아본 추억이 있다는 건 참 근사한 일이라는 생각을 했다.

못다 한 숙제를 마친 듯 홀가분한 마음으로 런던행 비행기에 몸을 실었다.

런던에서는 리플리 근처에 있는 소박한 호텔, '탈보트인'에 머물기로 했다. 이곳은 존 부셀의 사무실과 가까워 여러 모로 편리했다.

존은 글로벌 스포츠 리서치를 전문으로 하는 R&A 파트너사, '스포팅 인사이트(Sporting Insights)'의 창립자이자 디렉터다. 그와는 40일 골프 여행을 떠나기 여섯 달 전, 서울에서 처음 만났다. 아시아 골프 시장 조사를 위해 한국을 처음 찾은 존은, 스크린 골프장에서 플레이를 해보고는 깜짝 놀랐다. 자신이 골프를 처음 시작한 스코틀랜드 로열

애버딘(Royal Aberdeen Golf Club)의 발고니(Balgownie) 코스를 선택했는데, 코스를 손바닥 보듯 꿰고 있는 그가 보기에도 화면에 구현된 디테일이 상당했던 것이다.

"준, 스크린 골프는 처음 쳐보는데, 발고니 코스를 실제로 보고 있는 것 같아. 그린이며 벙커며, 정말 똑같은데? 스크린 골프가 어떤 건지 궁금했는데, 꽤 재미있는걸."

존은 그렇게 한국의 골프 문화를 마음껏 즐겼다.

사흘간의 일정 중 그가 가장 좋아했던 별미는 치맥이었다. 피시앤드칩스에 익숙한 영국인이 한국식 프라이드치킨과 시원한 맥주의 조합에 열광하는 모습을 보는 건 유쾌한 일이었다. 하지만 그에게 가장 놀라운 만찬은 따로 있었으니, 바로 해천탕이었다. 백숙을 바닥에 깔고, 각종 조개류를 중간에, 마지막으로 꿈틀거리는 문어를 얹은 해천탕을 대접하자, 그는 휴대폰으로 영상을 찍으며 연신 '와우'를 외쳤다. 여기에 '보일러메이커(맥주 한잔과 위스키 한 샷을 함께 마시는 영미식 바 문화)'를 연상케 하는 한국식 폭탄주까지 곁들여, 진정한 미식의 밤을 즐겼다.

헤어지던 날, 존은 내게 혹시 런던에 오게 되면 함께 골프도 치고, 자신의 친구들과 맥주도 한잔하자고 약속했다.

Day 35

워플스던 골프클럽

존 부셸과 함께한
히스랜드의 하루

위치: 잉글랜드 워킹
설계자: 존 에버크롬비, 윌리 파크 주니어
설립 연도: 1908년

영국 여행 계획을 이야기하자, 존은 흔쾌히 나를 워플스던 골프클럽(Worplesdon Golf Club)에 초대했다. 18년 전, 나는 서리에서 에든버러로 향하던 길에 그곳에서 라운드를 했었다. 세월이 흐른 지금, 코스가 어떻게 달라졌을지 무척 궁금했다.

런던에서의 첫날 아침, 존이 호텔 앞으로 나를 데리러 왔다. 우리는 보리수 나무가 늘어선 아름다운 길을 따라 워플스던으로 향했다. 골프를 즐기기에 더없이 좋은 월요일 아침이었다. 6개월 만에 다시 그를 만나게 되다니, 서로 다른 삶을 살아온 사람들이 골프라는 끈으로 놀랍게 연결

← 오프닝 홀: 파4, 367야드
→ 2번 홀 그린, 파4

되는 순간이었다.

 코스로 나가보니 예전 모습 그대로인 홀도 있고, 변화를 겪은 홀도 있었다. 워플스던의 특징 중 하나는 손가락 마디처럼 튀어나온 벙커의 둔덕이었는데, 나는 여기에 '너클스(Knuckles)'라는 이름을 붙였었다. 헤더 야생화가 덮인 작은 둔덕들은 여전했고, 벙커 탈출을 더 어렵게 만드는 위협적인 요소로 제 역할을 하고 있었다.

 파3인 13번 홀에서는 눈에 띄는 변화가 보였다.

 "여기 예전엔 벙커가 네 개였던 것 같은데? 지금은 세 개만 보이네?"

 존에게 물으니, 그는 잠시 기억을 더듬고 나서, 수년 전 그린 앞에 있던 두 개의 벙커를 하나의 U자형 벙커로 통합했다고 설명해주었다. 관리 효율을 높이기 위한 조치였다

← 13번 홀 개조된 벙커
→ 18번 홀 그린과 클럽하우스 전경

고 한다.

파4, 18번 홀은 내 기억과 정확히 일치했다. 그린 너머로 클럽하우스의 오래된 갈색 타일 지붕이 병풍처럼 펼쳐져 있었고, 박공 지붕의 가장 높은 곳에 하얀 시계탑이 솟아 있었다. 이 장면은 워플스던 골프클럽을 떠올릴 때 가장 먼저 생각나는 그림이기도 했다.

존은 최근 클럽에서 있었던 몇 가지 변화를 이야기해주었다. 코스의 시야를 넓히기 위해 나무를 제거했고, 벙커 주변의 헤더가 더 잘 자랄 수 있도록 가시덤불을 없앴다고 했다.

라운드를 마친 후, 클럽하우스에서 존의 친구들인 클럽 멤버들과 담소를 나눴다. 영국의 골프 마니아들과 한자리에 앉아 골프 이야기를 나눌 수 있는 절호의 기회였다. 나

↑ 존 부셀의 4번 홀 티샷: 파3, 171야드
↓ 가을 방학, 할아버지와 손자가 함께하는 골프

는 그들에게 영국에서 가장 좋아하는 링크스 코스는 어디인지 물었다. 놀랍게도 네 명 중 셋이 '로열 버크데일'을 선택했다. 그들이 말하기를, 로열 버크데일에서는 '영국스러운 골프'를 즐길 수 있다고 했다.

'영국스러운 골프란 게 무엇인지' 묻자, 그들은 이렇게 답했다. 투볼매치 플레이로 두 시간 만에 18홀을 마칠 수 있는 코스, 전통이 살아 있는 클럽의 분위기, 외국 골프 여행객들로 붐비지 않는 여유로운 환경, 그리고 합리적인 그린피. 이 모든 요소를 갖춘 링크스 코스가 바로 로열 버크데일이라는 것이었다.

흥미롭게도, 2주 전 에든버러에서 옛 동기들과 나눴던 대화가 떠올랐다. 해외 골프 애호가들이나 코스 평가자들은 비용과 상관없이 '세계 100대 코스'를 플레이하려 하지만, 현지 골퍼들에겐 그린피가 코스를 선택하는 중요한 기준이라는 것이다. 골프 업계에서 일하는 그들조차, 요즘처럼 그린피가 천정부지로 치솟는 상황에서는 제아무리 100대 코스라 해도 1회 라운드에 수백 파운드를 내면서까지 골프를 치고 싶지 않다고 했다. 내가 코스를 평가할 때는 깊이 고려하지 않았던 부분이지만, 곱씹어볼 만한 흥미로운 주제였다.

존과 나는 가벼운 저녁 식사를 마치고 아쉬운 작별 인사를 나눴다. 그는 밤늦도록 나와 함께 영국식 폭탄주를 즐기고 싶어 했지만, 그럴 수 없는 사정이 있었다. 이틀 뒤 세인트 앤드루스에서 열릴 R&A 대상의 중요한 프레젠테이션을 준비해야 했기 때문이다.

리플리의 호텔로 돌아오니 결혼식 피로연이 한창이었다. 남녀노소 모두 턱시도와 롱 드레스를 차려입고 꽃장식을 두른 채, 호텔 안팎에 삼삼오오 모여 와인을 홀짝이고 있었다. 행복해 보이는 그들 사이로 늘씬한 포인터 강아지 한 마리가 어슬렁거렸다. 셔츠에 나비넥타이까지 메고 있는 녀석의 모습에 절로 미소가 지어졌다.

'아마도 이런 게 잉글리시 웨딩이겠지.'

방으로 들어온 나는 일찌감치 침대에 누워 남은 여정을 떠올려보았다. 이제 닷새밖에 남지 않았다.

파스텔 빛 '딜' 거리에서

다음 날은 숙취도 없었고 늦잠 걱정도 없었다. 개운한 몸과 마음으로, 오후 1시 50분 티타임에 맞춰 프린스 골프클럽(Prince's Golf Club)이 있는 샌드위치로 향했다.

가는 길에 포크스턴을 지나며, 석회암 절벽과 언덕 위의 성, 그리고 아기자기한 마을 풍경을 감상했다. 한눈을 판 탓에, 그만 실수로 프랑스 칼레로 향하는 해저 터널 도로에 진입하고 말았다. 하마터면 여행을 시작했던 프랑스로 되돌아갈 뻔했다. 나처럼 길을 잘못 드는 사람이 많아서인지, 다행히도 A20 고속도로로 되돌아가는 우회로를 찾는 건 그리 어렵지 않았다.

형형색색 파스텔 톤으로 꾸며진 딜(Deal)의 거리는 한적하고 평화로웠다. 마을 경계를 구분하는 마리나 로드는 백사장을 따라 이어졌다. 나는 차를 세운 뒤 바닷바람을 느끼기 위해 밖으로 나왔다. 구름 사이로 반짝이는 햇살을 받으며 해변 산책로를 걷다 보니, 모래사장에 앉아 잠시 여유를 즐기고 싶은 마음이 들었다. 하지만 1932년 디 오

딜, 해변 마을 풍경

픈을 개최했던 프린스 골프클럽이 나를 더 강하게 끌었다. 다시 차에 올라 '골프 로드(Golf Road)'라 불리는 도로를 달렸다. 딜과 로열 세인트 조지스 골프클럽(Royal St. George's Golf Club)을 지나쳐 프린스로 향했다.

Day 36

프린스 골프클럽, 27홀

1932년 디 오픈의
영광을 찾아서

위치: 스코틀랜드 샌드위치
설계자: 찰스 허칭스, 가이 캠벨, 매켄지&에버트
설립 연도: 1907년

존의 소개 덕분에 프린스 골프클럽의 오너, 로버트 맥거크 씨가 흔쾌히 27홀 코스에서의 라운드를 허락해주었다. '딜'과 '샌드위치' 사이에는 아름다운 백사장과 함께 세계적으로 손꼽히는 링크스 코스들이 자리하고 있다. 진 사라젠(Gene Sarazen)이 1932년 디 오픈 챔피언십에서 우승을 거머쥔 프린스 골프클럽 외에도, 이 지역에는 세계적 명성을 지닌 링크스 코스 두 곳이 더 있다. 하나는 로열 싱크 포츠(Royal Cinque Ports, 딜)이고, 또 하나는 디 오픈 개최지로, 오픈 로타(Open Rota)의 하나로도 잘 알려진 로열 세인트 조지스다. 골프 애호가에게 이 지역은 그야말로 보물창고

5번 홀 그린, 파3, 쇼어 9홀 코스

와도 같은 곳이다.

프린스 골프클럽의 코스는 마치 그림으로 가득한 갤러리를 산책하는 듯했다. 물결처럼 흐르는 페어웨이, 짙은 빛깔의 포트 벙커, 황금빛 페스큐 잔디 군락, 그리고 솜털 같은 구름이 내려앉은 바다가 어우러져 한 폭의 완벽한 풍경화를 그려냈다.

쇼어 코스를 돌며 특히 흥미로웠던 점은 페어웨이를 좌

우로 나누는 독특한 종축(縱軸) 능선들이었다. 무엇보다, 이런 긴 능선의 양옆으로 페어웨이 위에 평평한 지점이 거의 없다는 점이 이 코스의 백미였다. 매번 미세한 경사에 놓인 공에 몸을 맞추며 다양한 샷을 시도해보는 경험은 불편하기보다 오히려 즐겁게 느껴졌다.

총 3,419야드 길이의 9홀 코스는 안정적인 파 세이브와 간간이 찾아오는 버디의 기쁨을 안겨주었다. 그린 주변은 전형적인 링크스 코스의 특성을 가지고 있었다. 넉넉한 공간에 다양한 크기와 경사의 요철 구간이 있어, 그린을 놓친 경우, 창의적인 쇼트게임으로 만회해야 했다. 공략이 비교적 쉬운 홀과 까다로운 홀이 적절히 섞여 있어, 라운드를 마칠 무렵에는 균형 잡힌 만족감을 느낄 수 있었다.

프린스 골프클럽에는 쇼어(Shore), 히말라야스(Himalayas), 듄스(Dunes)라는 세 개의 9홀 코스가 있다. 맥거크 씨는 나에게 이 세 코스를 모두 경험해보라고 했다. 그러나 세 코스 중 한 곳이, 플레이가 예정된 당일에 정기 정비로 휴장한다는 소식을 들었다. 그래서 나는 하루 먼저 도착해 휴장 예정인 코스를 미리 돌겠다는 대안을 제시했고, 다행히 클럽 측에서 이를 받아들여 주었다. 그렇게 나는 쇼어 코스를 먼저 플레이하고, 다음 날은 듄스와 히말라야스 코스를 돌면 되겠다고 생각하고 있었다. 하지만, 그것은 어디까지나 내 생각일 뿐이었다.

오후 4시 50분경, 쇼어 코스 라운드를 마쳤을 때 뭔가 잘못된 것 같다는 찜찜한 기분이 들었다. 이 불안감을 떨쳐내려 프로숍 직원을 찾아가 다음 날 폐쇄될 코스가 어디인지 물었다. "듄스입니다"라는 대답을 듣는 순간, 나도 모르게 "오 마이 갓!"이라는 탄식이 흘러나왔다.

그제야 깨달았다. 내가 그날 도착 직후 먼저 돌았어야 할 코스는 쇼어가 아니라 듄스였던 것이다. 하지만 여기서 포기할 순 없었다. 혹시 지금이라도 듄스를 플레이할 수 있냐고 묻자, 직원은 이렇게 설명했다.

"회원 행사가 막 끝난 터라 지금 코스엔 아무도 없습니다. 다만, 해 지기 전까지 끝낼 수 있을지는 장담할 수 없네요."

"문제없습니다! 어떻게든 해볼게요."

나는 황급히 주차장으로 달려가 트렁크에서 골프백을 꺼내어 트롤리에 싣고는 듄스 코스로 향했다. 시간은 촉박

했지만 코스의 주요 포인트를 모두 사진으로 남겼고, 벙커를 탈출한 두번의 샷 후에도 정성껏 고무래질을 마쳤으며, 그린에 남은 피치 마

↑ 듄스 3번 홀: 파5, 백 티 기준 569야드
↓ 듄스 6번 홀: 파5, 백 티 기준 506야드

크도 직접 수리했다. 마치 가장 짧은 시간 안에 홀아웃을 해야 이길 수 있는 '익스트림 골프(Extreme Golf)' 대회에 혼자 출전한 느낌이었다.

초반 몇 홀은 트롤리를 끌며 거의 조깅하듯 뛰었다. 숨을 헐떡이며 공을 향해 돌진했고, 호흡을 가다듬은 뒤 집중해 샷을 하는 과정을 반복했다. 아마 내 인생에서 최고로 집중해서 가장 빠르게 끝낸 9홀 라운드였을 것이다. 총 소요 시간은 53분. 마지막 퍼트를 마쳤을 땐 이미 땅거미가 졌고, 코스는 어둠에 잠기고 있었다. 결과는 보기 없이 36타, 이븐 파였다.

혼자 치는 골프가 이렇게 짜릿할 수 있다는 걸, 정말 특별한 방식으로 경험한 오후였다. 클럽하우스 레스토랑에 도착해 땀에 흠뻑 젖은 모자를 벗고 자리에 털썩 앉았다. 그때 마신 잉글리시 에일 맥주는 그야말로 천상의 꿀처럼 달게 느껴졌다.

Day 37

코스에서 바람과 함께 춤을

다음 날 나는 히말라야스 코스에서 라운드를 시작해서, 전날 오후 플레이했던 쇼어 코스를 다시 한번 돌았다. 오전의 바람은 방향과 속도가 모두 바뀌어서, 어제와는 완전히 다른 코스처럼 느껴졌다.

매켄지&에버트가 리노베이션한 히말라야스 코스는 습지와 해안선을 따라 탐험하는 듯한 짜릿함이 있었다. 특히 기억에 남는 홀은 2번 홀이었다. 왼쪽의 깊은 페어웨이 벙커를 과감한 티샷으로 넘기거나 피해야만 세컨 샷으로 그린을 노릴 수 있는, 전략적 플레이가 요구되는 매력적인 파5 홀이었다.

히말라야스에 배치된 벙커들은 레벳 벙커, 블로우아웃 벙커, 웨이스트 벙커 등 다양한 형태로 구성되어 있어서, 마치 '벙커 박람회'를 보는 듯한 인상을 주었다. 특히 1번과 9번 홀에 있는, 목재와 잔디벽이 절반씩 섞인 독특한 구

↑↑ 히말라야스 1번 홀의 리벳·블로우아웃·하프 팀버 벙커
↑ 히말라야스 3번과 8번 홀은 그린을 공유
↓ 히말라야스 9번 홀의 '사라젠' 벙커

조의 벙커는 건축적으로도 상당히 흥미로운 요소였다.

이틀에 걸쳐 플레이한 27홀 중 하이라이트는 단연 쇼어 코스의 9번 홀이었다. 이 홀은 페어웨이를 길게 가로지르는 독특한 경사면이 특징인데, 티잉 그라운드에서부터 대각선 방향으로 두 개의 뚜렷한 층으로 나뉘어 있다. 첫날 라운드에서 경험한 다양한 랜딩 존에 대한 이해를 바탕으로 전략적인 공략을 펼친 결과, 쇼어 코스에서는 전날보다 무려 7타를 줄이며 이븐 파로 마무리할 수 있었다.

이런 스코어 향상은, 경험에서 우러난 전략적 플레이가 실제로 효과적이라는 증거였다. 성취감 또한 그만큼 컸다.

프린스에서의 대미는, 데이비드 파울러 셰프와 그의 수셰프가 정성껏 선보인 근사한 요리였다. 격식을 차린 요리는 아니었지만, 한 입 한 입 섬세한 풍미가 살아 있었고, 메

페어웨이를 양분하는 사선형 능선과 9번 홀 그린: 파4, 쇼어 코스

뉴 전체가 그 자체로 하이라이트였다.

특히 인상적이었던 것은, 히말라야스 코스의 새로운 파 3 홀에서 이름을 딴 '블러디 포인트' 샌드위치였다. 지금까지 전 세계 수많은 클럽하우스에서 맛본 샌드위치를 통틀어 단연 최고였다. 훈연한 차돌박이와 아삭한 아시안 코울슬로, 여기에 사워크림과 칠리소스가 절묘하게 어우러져 부드러운 번 사이에서 완벽한 조화를 이뤘다. 비주얼뿐 아니라 맛으로도 더할 나위가 없었다.

주방의 훌륭한 솜씨에 감탄한 나는 서빙을 맡은 웨이트리스에게 고마움을 전했다. 숙소로 내려가던 중, 그녀가 내 칭찬을 주방에 전하며 즐겁게 대화하는 소리가 들려왔다. 나는 그 순간을 놓치지 않고 다시 돌아가 직접 감사 인사를 전했다. 특별한 유대감 속에서, 모두의 얼굴에 말로 표현하기 힘든 따뜻한 기쁨이 번졌다. 이후에도 다른 곳에서 비슷한 메뉴를 맛볼 수 있겠지만, 프린스 골프클럽 레스토랑을 다시 방문하는 것만큼 확실한 선택은 또 없을 듯하다.

딜 부두의 해 질 녘에 팻 매시니의 〈Always and Forever〉를 들어본다.

Day 38

로열 싱크 포츠 골프클럽

'딜' 드디어 세계 100대
코스에 오르다

위치: 잉글랜드 딜
설계자: 헨리 헌터, 제임스 브레이드, 가이 캠벨, 매켄지&에버트
설립 연도: 1892년
2023 〈GOLF 매거진〉 세계 100대 코스 순위: 100위

'딜'이라는 이름으로 더 잘 알려진 로열 싱크 포츠 골프클럽. 나는 특별한 시기에 이곳을 방문하게 되었다. 마침 2023/2024년판 〈GOLF 매거진〉에서 세계 100대 코스 랭킹을 발표하는 시기와 겹쳤기 때문이다. 반가운 소식은, 로열 싱크 포츠가 처음으로 이 명단에 이름을 올리며 100위에 진입했다는 사실이다.

세계 각국의 골퍼들에게 세계 100대 코스 랭킹은, 골프 여행을 계획하는 데 중요한 기준이 된다. 이 순위는 매거진 발행인과 코스 선정 디렉터, 그리고 100여 명의 패널리

스트가 2년에 걸쳐 전 세계의 코스를 직접 방문해 평가한 결과물이다. 상위 50위권의 순위는 비교적 안정적으로 유지되지만, 70위에서 100위 사이는 변동이 많아 새로운 코스가 진입하거나 기존 코스가 밀려나는 일이 흔하다.

올해는 다섯 개의 코스가 새롭게 포함되었다. 톰 도크가 설계하고 2023년에 개장한 더 리도(The Lido Golf Club)는 첫 진입에 68위를 기록했고, 빌 쿠어(Bill Coore)와 벤 크렌쇼(Ben Crenshaw) 듀오가 같은 해 완성한 포인트 하디 골프클럽(Point Hardy Golf Club)도 76위에 올랐다. 2022년 개장한 테 아라이 사우스(Te Arai Links - South Course) 역시 쿠어&크렌쇼의 작품으로 85위를 차지했고, 제레미 터너(Jeremy Turner)가 2015년에 설계한 로포텐(Lofoten Links)

은 88위에 이름을 올렸다.

그리고 마침내, 로열 싱크 포츠가 100위로 첫 진입에 성공했다. 이 코스는 매켄지&에버트가 1919년 헨리 헌터(Henry Hunter)와 제임스 브레이드(James Braid)의 오리지널 설계를 기반으로 리노베이션한 것이다. 그 밖에도 과거 순위 밖으로 밀려났던 샨친베이(Shanqin Bay Golf Club, 95위), 빅토리아(Victoria Golf Club, 96위), 마크리해니시(Machrihanish Golf Club, 97위) 등이 다시 리스트에 복귀하며, 이번 100대 코스 랭킹에 새로운 활력을 불어넣었다.

2005년 처음 딜에서 라운드했던 기억을 돌이켜보면, 나는 그때 이미 이 코스가 세계 100대 코스에 들 만한 자격이 충분하다고 확신했었다. 독특한 개성과 도전적인 레이아웃은 다른 어느 곳에서도 경험하지 못한 강렬한 인상을 남겼다. 그래서 2019년, 〈GOLF 매거진〉의 100대 코스 선정위원으로 위촉되었을 때 나는 하루빨리 딜을 다시 찾아 그 확신을 검증하고 싶었다.

이번 방문은 마침 매켄지&에버트가 3번 홀과 16번 홀을 대대적으로 리노베이션한 직후였기 때문에, 나는 예전의 감동이 얼마나 남아 있을지, 그리고 리노베이션이 얼마나 성공적이었는지 궁금했다.

딜의 1번 홀은 다소 특이한 동선 때문에 비판을 받기도

도랑을 넘겨 쳐야 하는 1번 홀 그린, 파4, 백 티 기준 4200야드

한다. 티잉 그라운드로 가기 위해서는 먼저 회원 전용 주차장을 지나 도로를 건너야 하고, 클럽하우스 앞을 지나는 페어웨이를 향해 플레이를 시작해야 한다. 하지만 나는 이 과정을 오히려 딜만의 독창적인 매력이라 생각한다. 마치 라운드를 시작하며 클럽에 경의를 표하는 '의장대 사열'처럼 느껴지기 때문이다.

이런 감상을 그날 저녁 소셜미디어에 올리자, 2023년

↑ 3번 홀 신설 티잉 그라운드에서 본 전경, 파 5
↓ 4번 티잉 그라운드에서 내려다 본 3번 홀의 '펀치볼' 그린

세계 100대 코스를 모두 완주한 친구이자 코스 패널리스트인 리처드 레빈이 이렇게 유쾌한 댓글을 남겼다.

"나는 친구들과 포섬 플레이(2인 1조로 번갈아 치는 방식)를 하니까, 1번 홀에서는 파트너의 티샷을 기다리며 클럽하우스에서 칵테일 한잔할 수 있어. 가끔은 양 팀 파트너가 친 티샷이 슬라이스가 나서 주차된 차를 때리는 걸 지켜보는 재미도 있고."

　파5, 3번 홀에 이르면 플레이어들은 강렬한 '펀치볼 그린(Punchbowl Green)'을 마주하게 된다. 이 홀에서는 상상력을 동원한 블라인드 샷이 요구된다. 그린은 크루든 베이의 '욕조 그린(Bathtub Green)'처럼 사방의 경사면이 중앙으로 모여드는 독특한 형태를 자랑한다. 처음 이 홀을 접했을 때는 이런 특성을 이해하지 못해 당황했던 기억이 있다. 이번 라운드에서는 그린 앞쪽 20야드 지점에 공을 떨어뜨려, 단단한 링크스 페어웨이를 타고 그린 중앙으로 굴러가게 하는 전략을 택했다. 펀치 샷을 위해 9번 아이언을 선택했고, 낮은 탄도로 날아간 공은 그린 앞에 안착한 뒤 한참을 굴러 시야에서 사라졌다. 공이 지나간 궤적을 따라 경사면을 올라가자, 거대한 세숫대야처럼 움푹 파인 그린 중앙의 홀컵 근처에 공이 놓여 있는 것이 보였다. 토미 아머의 명언 '골프에서 두 번의 블라인드 샷은 없다'라는 말을 실감하는 순간이었다.

　코스의 북쪽 구간인 8번 홀부터 11번 홀은 내가 가장 좋아하는 공간이다. 특히 매켄지와 에버트가 새롭게 디자인한 10번 홀의 페어웨이 랜딩 존 좌측에 위치한 대형 벙커는, 코스의 대부분을 차지하는 레벳 벙커들과 다른 블로우 아웃 형태로 코스에 다양성을 더한다. 하지만 파3, 14번

↑ 10번 홀: 파4, 361야드
↓ 14번 홀: 파3, 219야드

홀의 변화는 반갑지 않았다. 티잉 그라운드 전방의 광활한 페어웨이를 가로지르는 대형 벙커, 그 벙커 턱을 오르기 위해 귀퉁이에 덧붙인 조악한 나무계단, 그리고 그 뒤에 펼쳐진 밋밋하고 넓은 그린은 이전 홀들의 자연스러운 형태와 아름다운 비율과 비교할 때, 전혀 조화를 이루지 못하고 있었다. 이쯤 되면 '옥에 티'라 해도 되지 않을까?

↑ 16번 홀 페어웨이 랜딩 존에서 본 그린
↓ 16번 홀 그린

아쉽게도 14번 홀은, 반드시 개선이 필요하다고 생각되는 공간으로 기억에 남았다.

   16번 홀은 리노베이션 후 딜을 대표하는 홀이 되었다. 이 파5 홀은 골퍼의 모든 기량을 시험대에 올려놓는다. 특히 최근 새롭게 추가된 페어웨이 벙커들은 예상을 비껴가는 위치에 도사리고 있어, 이들을 피하려면 정교한 샷이

필수다. 티샷이 페어웨이에 잘 안착했다고 해도 방심은 금물이다. 그린까지 가려면 페어웨이 중앙에 포진한 두 개의 벙커를 넘겨야 하고, 이어 그린 앞 좌우를 지키는 벙커 두 개 역시 피해야 한다.

이처럼 까다로운 과제를 차례로 해결하고 나서야 마침내 그린이 시야에 훤히 들어온다. 하지만 방심은 금물, 진짜 시험은 그린 위에서 시작된다. 그린 시작 지점에 버티고 있는 깊고 움푹한 함몰 지형은, 마치 괴수가 그린을 베어 문 이빨 자국처럼 지형을 극적으로 바꿔놓는다. 한 입 베어 문 사과처럼 생긴 애플 로고를 옮겨놓은 듯한 특이한 형태의 그린은 조금이라도 짧은 어프로치 샷을 뱉어내 버린다. 16번 홀은 한 홀 안에 수많은 샷의 선택지와 그에 따른 보상과 벌칙이 정교하게 설계된 홀이다. 하루 종일 반복해도 지루할 틈이 없는, 이번 여행에서 최고로 손꼽는 파5 홀이었다.

    전통 링크스 골프의 진수를 고스란히 간직한 이곳은, 모든 골프 애호가들이 한 번쯤 경험해봐야 할 코스이다.

    이틀간 머물렀던 딜을 뒤로하고, 북쪽으로 네 시간 반을 달려 우드홀 스파(Woodhall Spa Golf Club)로 향했다. 우드홀 스파 골프클럽의 호치킨 코스는 서닝데일, 스윈리 포레스트와 함께 세계 최고의 히스랜드 코스로 꼽히는 명문 코스이다. 잉글랜드 시골의 좁고 어두운 밤길을 달리는 건 익숙지 않았지만, 새로운 코스를 만날 기대감에 들떠서 헤드라이트 불빛으로 길을 밝히고, 졸린 눈을 비벼가며 페달을 밟았다.

평화로운 골프장 한가운데 전쟁의 흔적

16번 홀의 아름다운 풍경과 극명하게 대비되는 것이 있다면, 바로 페어웨이 오른쪽 러프로 뒤덮인 언덕 위의 거대한 군사 벙커일 것이다. 두꺼운 콘크리트 외벽에 붉은 벽돌 잔해가 남아 있는 이 구조물은, 제2차 세계대전 이래 역사의 증인으로 조용히 서 있다.

나는 잠시 플레이를 멈추고, 이 유물을 가까이 보기 위해 언덕을 올랐다. 후면에 좁고 길게 갈라진 틈이 있어서 그곳을 통해 어두운 내부로 들어섰다. 벽면 군데군데에는 사격을 위해 총안구를 뚫어놓았고, 그중 하나를 통해 16번 홀의 일부를 조망할 수 있었다.

차갑고 습기 어린 공기 때문인지 전혀 다른 세계처럼 느껴졌다. 이 평화로운 골프장에서, 한때는 참혹한 전쟁터가 될 뻔했던 과거를 유일하게 증명해주는 장소였다. 전쟁을 겪지 않은 세대로서, 이런 아름다운 코스에서 골프를 즐길 수 있다는 사실이 문득 축복처럼 느껴졌다.

Day 39

우드홀 스파 골프클럽 호치킨 코스

120년 후 다시 태어난 히스랜드의 명작

위치: 잉글랜드 우드홀 스파
설계자: 해리 바던, 해리 콜트, S.V. 호치킨, 톰 도크
설립 연도: 1905년
2023 〈GOLF 매거진〉 세계 100대 코스 순위: 58위

골프코스 설계에서 벙커는 매우 흥미로운 요소다. 페어웨이나 그린에 앞서 먼저 골퍼의 시선을 사로잡는 것이 바로 벙커이기 때문이다. 깊숙이 파인 벙커를 채운 밝은 모래밭은 강렬한 명암 대비를 이루며 시각적인 자극을 준다.

플레이 측면에서 벙커는 샷의 방향과 거리를 결정짓는 이정표 역할을 하기도 한다. 그래서 골프코스 아키텍처(Golf Course Architecture)라는 분야가 생기기 이전부터, 벙커의 디자인과 시공은 하나의 전문 기술로 존재해왔다.

이번 40일간의 여정 동안 나는 다양한 벙커를 접했다.

레벳, 철도 침목(Railway Sleeper), 블로우아웃, 웨이스트, 잔디 벙커(Grass-Faced) 등 스타일이 저마다 뚜렷했다.

로열 헤이그, 샹티이, 레 보르드, 세인트 패트릭스 링크스, 밸리버니언, 유러피언 클럽, 브로라, 크루든 베이, 프레스트윅, 로열 트룬, 프린스, 우드홀 스파 호치킨(Woodhall Spa Golf Club Hotchkin)은 혁신적인 기법을 보여준 대표적인 코스들이었다. 특히 프린스 코스는 레벳과 철도 침목을 결합한 새로운 형태의 벙커를 실험하며, 골프코스 설계의 진화를 선보이기도 했다.

19세기에서 20세기로 넘어오는 전환기에 설계된 클래식 코스를 복원하는 프로젝트에는 세계적인 설계자들이 참여했다. 호주의 빅토리아 골프클럽을 복원한 OCM, 일본 도쿄 골프클럽의 길 한스, 영국과 아일랜드의 명문 코

스를 다듬은 마틴 호트리 박사, 일본 히로노와 영국의 여러 코스를 복원한 매켄지&에버트. 나는 그들의 탁월한 작업을 경험하는 행운을 누렸다. 그들은 코스의 보존 가치가 있는 구간은 재생하고, 유실된 부분을 되살리되 혁신적인 아이디어를 도입했다. 이들은 골프코스 설계의 과거와 미래를 잇는 중요한 역할을 담당했다.

이처럼 끊임없이 진화하는 골프코스 아키텍처의 세계는 나를 매혹시켰다. 잭 니클라우스와 아널드 파머 같은 전직 프로 골퍼들이 주도했던 20세기 후반의 설계에서는 오늘날 주류가 된 자연주의나 미니멀리즘의 개념은 상상하기 어려웠다. 하지만 지난 30년간 골프코스 디자인에서 '아름다움'이라는 개념은 진화해왔고 지금은 완전히 새롭게 정의되고 있다.

우드홀 스파 호치킨 코스에서 라운드를 시작하기 전, 나는 리처드 레이텀 씨를 만났다. 그는 저명한 골프 역사학자로 우드홀 스파를 관리하는 중요한 역할을 맡고 있었다. 레이텀 씨는 2016년부터 설계자 톰 도크의 팀과 함께 진행해온 호치킨 코스의 복원 작업에 대해 설명해주었다.

그때까지 내가 도크의 복원 작업을 경험한 것은 호주 뉴사우스웨일스 골프클럽의 6번 홀 하나뿐이었고, 이번처럼 18홀 전체를 대상으로 한 복원 프로젝트는 처음이었다. 3

↑↑ 우드홀 스파 호치킨 코스의 오프닝 홀
↑ 3번 홀의 페어웨이 벙커
↓ 3번 홀 그린 너머, '무어' 홀의 타워 전경

년에 걸친 이 프로젝트는 도크 팀과 클럽 간의 긴밀한 협업을 통해 이루어졌으며, 상당히 야심찬 시도를 포함하고 있었다. 이 계획에 따라 벙커를 재설계하고 새로운 벙커를 추가했으며, 그린을 원래 크기로 복원하고, 수목을 일부 제거하여 과거의 플레이 전략을 되살리고자 했다.

애초에는 매년 6개 홀씩 복원하는 것이 목표였지만, 예상치 못한 기상 악화로 인해 몇 주간 작업이 중단되기도 했다. 돌이켜보면, 이런 난관에도 불구하고 그들이 쏟아부었던 노력은 충분히 보상받았다고 그는 평가했다. 결과적으로 코스를 한층 업그레이드시킬 수 있었기 때문이다.

1번부터 3번까지의 홀은 영국 히스랜드 코스 중에서도 가장 인상적인 오프닝 홀로 손꼽을 만했다. 탁 트인 전경과 위압적인 벙커들은 순식간에 내 기대감을 끌어올렸다.

3번 홀의 티샷 랜딩 지점에 가까워질수록, 페어웨이를 대각선으로 가로지르는 움푹 팬 저지대(Swale)와 정교하게 배치된 벙커 디자인이 완벽하게 조화를 이루며 시선을 사로잡았다. 어디까지가 원래 자연 지형이고, 어디서부터가 인공적으로 조성된 것인지 분간이 안 될 정도로 섬세하게 조형된 공간을 보며 감탄이 절로 나왔다. 나도 모르게 혼잣말이 새어 나왔다.

"그래, 내가 원했던 게 바로 이런 거야."

전반 9홀을 도는 동안, 코스의 웅장한 스케일 속에 구현된 섬세한 디테일을 감상하며 끊임없이 감탄했다. 수풀을 걷어내고 나무를 과감히 가지치기한 덕분에, 100년 전 본래의 모습과 가까운 상태로 코스를 복원해낸 것은 클럽은 물론이고 이곳을 플레이하는 골퍼들에게도 큰 행운이었다.

후반 9홀은 세 가지 점에서 전반과 대조되었다.

첫째, 이 구간의 벙커들은 전반에서 볼 수 있었던 강도 높은 개조의 과정을 거치지 못한 듯했다. 깊이도 얕고 크기도 작았으며, 전체적으로 더 투박하고 거친 인상을 풍겼다. 100년 전의 위치를 그대로 지키고 있지만, 세월이 흐르며 형태가 조금씩 변하고 크기도 줄어든 것으로 보였다.

둘째, 후반 일부 홀의 페어웨이는 전반보다 더 좁게 관리되어, 훨씬 더 정교한 샷을 요구했다. 100년이라는 시간은, 호치킨처럼 나무가 울창한 지역에 조성된 코스를 필연적으로 변화시킨다. 예를 들어 퐁텐블로 코스는 숲 훼손을 금지하는 법령 탓에 나무가 점점 자라 페어웨이가 좁아졌지만, 호치킨 코스는 다행히 그런 규제가 없어 수목을 제거하고 예전 모습을 되찾을 수 있었다. 다만 후반 홀에는 이러한 작업이 전반보다 소극적으로 이루어진 듯한 느낌이었다.

셋째, 그린 콤플렉스를 구성하는 요철 지형의 규모가 전반부보다 현저히 작음을 느낄 수 있었다. 골프코스의 그린은 시간이 흐르면서 코스 관리를 통해 규모가 축소되는 것이 자연스러운 현상이다. 전반부는 복원을 통해 그린과 주변 공간에 여유가 생겼지만, 후반부는 아직 그 손길이 미치지 않은 듯한 인상을 주었다.

전혀 다른 분위기의 후반 홀들에서는 더 보수적인 전략과 정교한 플레이가 필요했다. 하지만 클럽하우스로 돌아가는 마지막 홀의 경우는 다시금 페어웨이가 좌우로 넓게 확장되었고, 그린까지 무려 23개의 벙커가 배치되어 전반 9홀의 웅장한 스케일과 유사한 분위기를 자아냈다.

이런 변화에 힘입어 자신 있게 드라이버를 꺼내 들고, 페어웨이 한가운데로 티샷을 보냈다. 총 534야드에 달하는 파5홀에서 그린까지 남은 거리는 240야드. 깃대는 그린 우측 전방에 꽂혀 있었고, 그 바로 앞에는 커다란 벙커가 입을 벌리고 있었다. 홀컵의 위치와 관계없이 안전하게 그린 중앙을 노리고 3번 우드로 세컨 샷을 날렸다. 클럽페이스를 떠난 공은 낮은 탄도로 날아가 페어웨이 위를 구르다가 그린 앞쪽에 멈춰 섰다. 간밤에 내린 비로 코스는 상쾌한 공기로 가득했고, 그린 너머에 있는 클럽하우스 테라스에는 몇몇 사람들이 18번 홀을 내려다보고 있었다.

호치킨 코스에서의 마지막 칩 샷을 앞두고, 홀컵까지 걸

↑ 야생 식물, 헤더를 보호하는 푯말
↓ 18번 홀: 파 5, 534야드 – 칩인 이글을 기록한 홀

어가며 그린의 경사를 파악했다. 큰 기대 없이 깃대까지 남은 거리의 중간 지점을 겨냥해 가볍게 샷을 했다. 공은 내가 원했던 곳에 떨어진 후 그린의 경사를 타고 부드럽게 휘며 굴러가더니 홀컵으로 빨려 들어갔다. 짧은 탄성과 함께 주먹을 불끈 쥐었고, 테라스에 있던 골퍼들의 박수가 들려왔다. 40일간의 여정 중 두 번째 이글. 전날 네 시간 반 동안 밤길을 달려온 보상을 받은 듯한 순간이었다.

라운드를 마친 뒤, 클럽하우스에서 다시 만난 레이팀 씨가 내게 코스가 어땠는지 물었다. 나는 주저 없이 대답했다.

"결혼하고 싶을 정도예요(I wanna marry her)!"

엉뚱한 대답에, 그는 순간 웃음을 터뜨렸다.

나는 이렇게 덧붙였다.

"턴베리의 에일사 코스는 슈퍼모델 같아서 숨 막히도록 아름답지만 다가가기 어렵다면, 호치킨은 대학 동아리에서 만난 여자친구 같아요. 똑똑하고 개성 넘치면서, 사랑스럽죠."

그는 내 비유에 다시 한번 크게 웃었고, 진심으로 공감해주었다. 자신이 집필한 우드홀 스파 복원 작업에 관한 책을 선물하며, 다시 찾아줄 것을 청하는 그에게 감사의 인사를 하고, 런던으로 출발했다.

호치킨에서 만난 말콤

우드홀 스파 호치킨의 11번 티잉 그라운드 근처에서, 나는 말콤이라는 남자를 만났다. 티잉 그라운드에 올라서는데 그가 코스 울타리 건너편에서 소리쳤다.

"혼자 치시는 거예요?"

갑작스러운 질문에 나는 웃으며 답했다.

"네, 아무도 저랑 골프 치고 싶어 하지 않는 것 같아요."

그냥 지나치지 않고 그에게 다가가 말을 건넸다.

"이름이 어떻게 되세요?"

"말콤입니다."

"아, 말콤 엑스 영화의 그 말콤이군요. 저는 준이에요. 여기 자주 오세요?"

"비만 안 오면 매일 옵니다."

"말콤 씨는 골프를 치세요?"

"아뇨, 저는 그냥 사람들이 공 치는 걸 보는 게 좋아요."

영국에서는 럭비나 크리켓처럼 골프를 치지 않는 사람들도 골프 중계를 TV로 관전하는 걸 즐긴다는 기사를 읽은 적이 있다. 이곳에서는 골프가 문화의 일부다. 직접 치지 않아도, 보는 것만으로도 즐길 수 있는 게임. 그런 점 때문에, 골퍼로서 이 나라를 좋아하지 않을 수가 없다.

나는 말콤에게 이곳이 얼마나 아름다운지, 그리고 그 아름다움이 어떻게 나를 먼 한국에서 이곳까지 이끌었는지 말해주었다. 내 이야기가 그의 일상적인 방문에 즐거움을 더했기를, 그리고 앞으로도 그만의 방식으로 호치킨을 계속 즐기길 바랐다.

늦은 오후, 나는 우드홀 스파를 떠나 런던 근교 리플리에 있는 탈보트 인으로 향했다. 이제 40일간의 골프 여행은 단 한 개의 코스만을 남겨둔 채 종착점을 향해 가고 있었다.

하지만 장장 네 시간을 운전해야 하는 긴 여정 도중, A17 도로의 위그토프트 근처에서 렌터카가 갑자기 멈춰버렸다. 나는 도로 옆에 차를 세운 채, 꼼짝없이 세 시간 넘게 견인차를 기다려야 했다. 렌터카 회사는 30분 안에 택시를 보내주겠다고 했지만, 실제로 택시가 도착한 건 견인차보다도 더 늦은 밤이었다.

예상치 못한 상황에 나는 탈보트 인으로 돌아가는 대신, 한 시간 거리의 루턴 공항 근처에서 하룻밤을 보내기로 결정했다. 다음 날 아침 일찍 공항에서 새 렌터카를 픽업한

뒤, 마지막 목적지인 월튼 히스(Walton Heath Golf Club)로 향할 계획이었다.

프랑스의 고속도로, 에든버러 시내 교차로, 호텔 주차장 등 곳곳에서 잊을 만하면 말썽을 일으키는 렌터카에 야속한 마음도 들었다. 하지만 루턴 공항으로 향하는 택시 안, 나는 무슨 일이 있더라도 40일간의 여정을 계획대로 완주하겠다는 결심을 굳혔다.

40일간의 골프 여정의 마지막 날 아침, 나는 루턴 공항 근처 호텔에서 눈을 떴다. 짐가방과 골프백을 챙겨 로비로 내려가, 휴대폰으로 렌터카 사무실의 위치를 검색한 뒤 짐을 맡기고 밖으로 나섰다. 픽업 장소와 다른 지점에서 차량을 교체하는 일은 예상보다 훨씬 복잡했고, 렌터카 회사는 이전과 동일한 차량은 제공할 수 없다고 했다. 하지만 내가 원한 건 그저 바퀴 네 개 달린, 잘 달리는 차 한 대였다. 결국 내게 배정된 차량은 현대 i20, 콤팩트한 4도어 해치백이었다. 왠지 모르게 마음이 놓였다. 나는 차에 대고 한국어로 속삭였다.

"그냥 월튼 히스까지 무사히, 제시간에만 데려다 줘. 그거면 돼."

Day 40

월튼 히스 골프클럽
긴 여정의 막을 내리며

위치: 잉글랜드 태드워스
설계자: 허버트 파울러
설립 연도: 1902년

어떤 클럽하우스는 집처럼 편안한 느낌을 준다. 전 세계 수많은 골프클럽 중에서도 내가 가장 좋아한 클럽하우스는 서닝데일과 딜이었다. 과장된 스케일의 화려한 건축물 대신, 주변 풍경과 완벽하게 어울리는 로컬 맨션 같은 우아한 분위기. 세계 곳곳을 다녀봐도, 그런 클럽하우스는 의외로 많지 않았다.

월튼 히스의 클럽하우스는 내가 좋아했던 곳들과는 또 다른 매력을 지녔다. 작은 마당을 중심으로 자리 잡은 건물은 마치 뒷마당을 내려다보는 단층 맨션 같았고, 수영장이 있음직한 자리에 아름다운 퍼팅 그린이 펼쳐져 있었다.

 이런 구조 덕분에 회원들과 방문객들이 자연스럽게 어울릴 수 있었다. 일상적인 골프 라운드는 물론, 특별한 클럽 행사에도 완벽한 무대를 제공할 수 있을 터였다.

 코스에 들어서자 월튼 히스는 또 다른 얼굴을 드러냈다. 길고 까다로운 레이아웃에, 설상가상 헤더로 둘러싸인 벙커들이 난이도를 끌어올렸다. 일반적인 잔디 러프 대신, 클럽헤드가 빠져나오지 못할 정도로 억센 헤더가 홀과 홀 사이를 가득 메우고 있었다. 한번 빠지면 이만저만 곤란한 게 아닐 듯했다. 티잉 그라운드에서 욕심을 버리고 전략적으로 플레이하는 것이 위험을 줄일 유일한 방법이었다.

 헤더 속에 박힌 공을 깔끔하게 쳐내는 일은 결코 만만치 않다. 실제로 이곳에서 열렸던 2023년 AIG 위민스 오픈에서도, 파워 히터로 유명한 잉글랜드의 찰리 헐(Charley Hull)조차 헤더로 가득한 러프에서 고전하는 모습을 보여줬을 만큼, 까다로운 장애물이다.

월튼 히스의 레이아웃은 첫 홀부터 낯선 퍼즐처럼 느껴졌다. 길이가 꽤 되는 파3 홀로 라운드를 시작하는 건 문제없었지만, 다음 홀로 이동하려면 양방향 차량이 끊임없이 달려오는 도로를 건너야 했다. 안전 문제를 해결하려면 지하도를 만들거나 클럽하우스의 위치를 옮겨야 하지만, 어느 쪽도 간단한 해결책은 아니었다.

월튼 히스는 '커먼 랜드(Common Land)'라 불리는 땅 위에 세워진 골프장이다. 커먼 랜드라는 개념이 영국 밖 사람들에게는 낯설 텐데, 한마디로 개인이 아닌 정부 소유의 땅이다. 오래전부터 영국의 클럽들은 이런 땅을 매우 저렴한 비용으로 장기 임대해 골프장을 운영해왔다. 때문에 회원제 클럽이라 해도 일반인의 산책을 제한할 수 없다. 대신 코스 내부의 골퍼와 비골퍼들 사이에는 서로를 존중하는 불문율이 존재한다. 서로 일정 거리를 두고 지나가기를 기다려주는 여유, 그것이 바로 이곳의 질서다.

라운드 중 12번 홀에서는 이런 특성이 골퍼를 잠시 혼란스럽게 만든다. 짧은 우측 도그렉 홀의 코너를 가로지르는 산책로가 마치 낮은 제방처럼 페어웨이 한가운데 솟

↑↑ 도로를 건너야 하는 리스크
↑ 4번 홀의 초콜릿 드롭 마운드
↓ 쌍둥이 골든 리트리버와 함께하는 라운드

아 있기 때문이다. 하필 잘 맞은 티샷이 떨어질 만한 지점이라, 공을 산책로 앞에 레이업 할지, 아니면 위험을 감수하고 넘길지를 고민하게 된다. 커먼 랜드의 속성을 잘 모르는 해외 골퍼들에겐 당황스러운 방해 요소일 수 있지만, 이런 풍경이야말로 영국 골프코스만이 가질 수 있는 매력임을 이해하는 순간, 골프는 또 다른 의미를 갖는다.

월튼 히스에서 내가 가장 좋아하는 홀은 5번과 10번 홀이다. 두 홀 모두 티잉 그라운드에서 내리막으로 시작해, 그린까지는 다시 오르막으로 이어지는 리듬감 있는 지형을 가지고 있다. 덕분에 그린이 시야에 잘 들어오면서도, 공이 떨어진 위치에 따라 실제보다 가깝거나 멀어 보이는 착시 현상을 일으킨다.

이런 홀에서는 거리 측정기로 확인하거나 캐디의 조언을 통해 정확히 남은 거리를 파악한 뒤에도, 눈으로 보이는 거리와의 차이에 의심이 생긴다. 많은 골퍼들이 결국 숫자보다 자신의 감각에 의존해, 그린에 못 미치거나 훌쩍 넘겨버리는 실수를 하곤 한다.

이것은 설계자들이 의도적으로 만든 장치다. 특히 그린 주변에 여러 개의 벙커가 흩어져 있을 경우, 벙커와 그린 사이의 거리와 여유 공간을 정확히 가늠하는 것은 처음 방문한 골퍼에겐 불가능에 가깝다.

40일간의 골프 여정의 마지막 날, 나는 월튼 히스에서 적어도 두세 개의 버디는 기록하고 싶었다. 지난 40일 동안 세계적인 명문 코스들을 플레이해온 만큼, 최고의 프로 선수들의 각축장인 월튼 히스에서 만족할 만한 플레이를 하고 싶은 욕심이 생겼기 때문이다. 하지만 여러 번 기회가 있었음에도, 그 바람은 좀처럼 이루어지지 않았다.

그러던 중, 마침내 파5, 14번 홀에서 기다리던 순간이 찾아왔다. 깔끔한 드라이버 샷에 이어, 나는 오른쪽 페어웨이 벙커를 피하고자 그린 왼쪽을 겨냥해 3번 우드를 선택했다. 공이 원하는 방향으로 정확히 날아가던 순간, 숲 속에서 한 쌍의 남녀가 나타나 페어웨이에 발을 들여놓았다. 나는 화들짝 놀라 급히 "포어(Fore)!"라고 외쳤다.

다행히도 내 외침을 들은 커플은 즉시 멈췄고, 공은 그들 바로 앞에 떨어졌다. 우리는 모두 안도의 한숨을 내쉬며 괜찮다는 손짓을 주고받았다. 그들이 지나가고 난 뒤, 나는 완벽한 웨지 샷으로 공을 그린에 올려 이날의 처음이자 마지막 버디를 기록했다.

스스로에게 놀랍게도 40일간의 여정 동안 피로는 거의 느껴지지 않았다. 유일하게 몸에 통증을 느낀 때는 이날, 월튼 히스 17번 홀의 그린을 향해 오르막 페어웨이 위를 걸을 때였다. 무릎에 약간의 통증이 있었지만, 그것도 곧

↑ 5번 홀 그린
↓ 10번 홀 티잉 그라운드에서의 전경

사라졌다.

  네덜란드 암스테르담에서 시작해 프랑스, 아일랜드, 영국으로 이어진 40일간의 골프 성지순례. 렌터카 문제로 몇 번이나 아슬아슬한 순간을 겪기도 했지만, 바비 존스(Bobby Jones)의 말처럼 "골프는 양쪽 귀 사이, 13센티미터 너비의 코스(머릿속)에서 플레이되는 게임"임을 다시금 깨달았다. 결국 중요한 것은 집중력과 결단력임을 실감한 여행이었다.

클럽하우스에서 맥주 한잔으로 완주를 자축하고 있을 때, 필드에서 만난 몇몇 멤버들이 다가와 코스에 대한 내 소감을 물었다. 그들은 '월튼 히스가 이번 골프 여행 중 몇 번째냐'고 물었고, 내가 40개 중 마지막 코스였다고 대답하자 눈이 휘둥그래지더니 다시 질문을 쏟아내기 시작했다.

신기하게도 그들이 던진 세 가지 질문은, 내가 이번 여행 동안 여러 나라에서 만났던 골퍼들로부터 들었던 질문과 일치했다.

"결혼 안 하셨죠? 전 와이프한테 일주일 골프 여행 간다는 말도 못 꺼내요."

"그렇게 매일 치면 골프 실력은 늘어요?"

"아픈 데는 없어요? 난 이틀만 연달아 쳐도 몸이 쑤시는데….'

나는 뻔한 대답 대신 그들에게 〈월터의 상상은 현실이 된다〉(The Secret Life of Walter Mitty, 2013)라는 영화를 소개했다.

"이 영화 안에 내가 하고 싶은 말이 담겨 있어요. 꼭 보세요."

벤 스틸러가 감독과 주연을 맡았던 이 영화를 여행을 떠나기 몇 주 전 우연히 보게 되었다. 〈라이프(LIFE)〉지에 실릴 사진을 관리하는 평범한 직원이었던 주인공 월터는 폐간을 앞둔 잡지의 마지막 표지에 실릴 사진의 필름이 사라지자, 이를 찾아 뜻하지 않게 세상으로 나간다. 수십 년을 지내온 익숙한 지하 사무실을 벗어나는 순간이다. 그린란드, 아이슬란드, 히말라야로 이어진 여정을 통해 그가 상상 속에서만 했던 모험을 실제로 경험하고, 결국 지극히 평범했던 삶 속에서 새로운 가치를 발견하는 스토리이다.

내게 같은 질문을 던졌던 수많은 이들이 이 영화를 보고 나서 혹은 40일간의 여정을 담은 내 책을 읽고 나서 내가 그들에게 전하고 싶었던 메시지를 이해하게 되길 바란다.

여행은 용기를 준다. 집에선 절대 하지 않을 행동을 하게 만든다. 물론 익명성 때문이기도 하지만, 그게 전부는 아니다. 이미 일상을 벗어난 당신은, 꽤 괜찮은 방식으로 '사고 칠' 준비가 되어 있는 것이다.

낯선 이와 말을 섞고, 지나치다 싶을 정도로 타인을 친절히 대하며, 서툰 외국어도 거리낌 없이 내뱉는다. 처음 가본 공간에서 길을 잃어도 좋다. 거기다 덤으로, 꿈꾸던 골프코스에서 라운드까지 할 수 있는데 뭘 망설이는가? 그냥 길을 나서면 된다. 골프백 하나 메고서.

그 길에서 좋은 사람들을 만나고 가슴 벅찬 풍경을 접하며 바람을 가르는 스윙의 리듬을 느낀다. 그리고 그런 감

월튼 히스의 18번 홀에서 마무리된 40/40의 그랜드 피날레

동의 순간에 나를 돌아본다. 큰 영광보다 작은 행복을 차곡차곡 모아가는 인생길이 고맙게 느껴지는 순간, 나의 여행은 다시 시작된다.

40/40 여정의 컬렉션

기획자의 노트

2019년 어느 날, 사무실 정리를 하던 중 먼지 쌓인 책장 한 켠에서 〈더 조선 스타일〉 매거진 몇 권을 발견했습니다. 10여 년 전 편집장이던 친구가 보내준 선물이었는데, 펼쳐 볼 기회를 놓치고 있었던 것이지요. 호기심에 페이지를 넘기던 중, 오상준 작가의 골프 에세이를 만났습니다. 18개월 동안 연재해온 그의 글은 마치 정성스럽게 포장된 선물 상자를 하나씩 열어보는 듯한 설렘을 주었습니다. 각 편마다 살아 숨 쉬는 그의 감성과 창의력이 고스란히 전해져왔고, 생생한 묘사까지 더해져 골프장 잔디의 풀내음과 바람까지 느껴질 정도였습니다.

골프에 대해 이렇게 서정적이고 아름다운 글을 쓰는 사람은 도대체 누구일까? 궁금증이 커져가던 차에, 친구의 소개로 오상준 작가를 직접 만날 수 있었습니다. 그리고 그의 글에서 느꼈던 감동과 여운을

더 많은 사람들과 나누고 싶었기에 그에게 골프 에세이 작업을 제안했습니다. 2020년 출간한 오상준 작가의 첫번째 에세이《골프로 인생을 설계할 수 있다면》은 이렇게 세상 밖으로 나왔습니다.

《골프로 인생을 설계할 수 있다면》이 그의 자전적 에세이였다면, 두번째 이야기《40/40: 40개의 코스, 40일간의 여정》(유럽편)은, 그가 본격적인 '골프인문학 여행작가(Golf & Culture Travel Writer)'로서 대중과 소통을 시도하는 작품입니다.

저는 그의 유럽 골프 여정 중 아일랜드에서 몇몇 지인들과 합류하여 특별한 경험을 하는 기회를 가졌습니다. 그는 골프계의 도슨트처럼 각 코스의 역사, 설계, 코스 매니지먼트를 설명해줬고, 현지의 음식, 스포츠, 음악 등 다양한 문화를 경험하도록 안내해주었습니다. 놀라웠던 한 가지는, 처음 만난 현지 골퍼들과 라운딩을 끝내고 나면 어김없이 친구가 되는 그의 친화력이었습니다. 만남은 한 번으로 끝나지 않고, 다른 회원제 골프장에 초대받는 것으로 인연이 계속 이어지는 장면을 종종 볼 수 있었습니다.

30년 넘게 직장생활을 하면서 타인의 시선에 지쳤던 저에게, 이번 여행은 새로운 에너지를 얻는 계기가 되었습니다. 드넓은 해변의 링크스 코스가 펼쳐진 자연을 걸으며 나 자신과 대화를 시작했고, 대지의 기운을 오롯이 느끼며 몸과 마음이 치유되는 비일상적인 경험을 하였습니다. 이런 일상으로부터의 회복은, 주어진 환경에 대한 새로운 감사로 이어져 앞으로 나아갈 힘이 되어주었습니다.

오상준 작가의 《40/40: 40개의 코스, 40일간의 여정》(유럽편)은 2024년 봄, 《40/40》이라는 제목으로 아마존에서 영문판 전자책으로 먼저 출간되었으며, 본문의 큐알코드를 통해 독자들도 현장에 함께 있는 것처럼 생생한 영상을 감상할 수 있도록 구성하였습니다. 이 책은 단순한 골프 여행을 넘어선 자기 발견의 여정이자 자연과의 공존을 탐구하는 깊이 있는 시도입니다. 또한 세계 각지의 골프코스에서 만난 이들과의 진솔한 교류, 인간적 연결에 대한 소중한 기록입니다. 이번 한글판에서는 골프를 통해 삶과 문화를 사유하는 저자의 시선을 한층 더 깊이 있게 풀어내고자 했습니다. 이 책을 읽는 분들에게, 새로운 모험으로 이끄는 초대가 되기를 바랍니다.

   오상준 작가와 함께한 시간과 글을 통해 저는 확신합니다. 제가 그랬듯, 여러분도 이 책의 어느 페이지에서 일상의 자극을 얻고, 삶의 활력을 되찾는 계기를 만나게 되리라는 것을요. 이 책을 읽고 나서, 나를 새롭게 발견하는 인생 여정을 시작하고 싶어진다면 그 마음만으로도 충분히 소중한 첫걸음이 될 것입니다.

- M.K. Shin

감사의 글

〈GOLF 매거진〉 '세계 100대 코스' 패널 동료인 딕 고머, 크리스텔 모르그 달그, 프랭크 케이시 주니어, 사이먼 홀트와 잭 로우스에게 깊이 감사드립니다. 이들은 골프클럽을 선정하는 데 중요한 조언을 해주었고, 좋은 친구들을 소개해주었습니다. 이번 여행이 잘 마무리되도록 정말 많은 노력을 기울여준 분들입니다.

이번 여정 동안 방문한 40개 골프장의 오너, 매니저, 프로, 회원, 그리고 캐디 여러분께도 감사의 마음을 전합니다. 당신들의 따뜻한 환대 덕분에 낯선 곳에서도 편안함을 느낄 수 있었습니다.

'유케이 골프가이'의 데이비드 존스에게는 영국의 훌륭한 클럽들을 소개해준 것에 대해 감사드리며, '스포팅 인사이트'의 존 부셸에게는 자신의 클럽에 직접 초대해주시고, 프린스 골프클럽의 로버트 맥거크, 우드홀 스파의 리처드 레이텀을 소개해주신 것에 깊이 감사드립니다. 또한, 멀리 호주에서 저의 여정을 소셜미디어로 매일 지켜보고 응원해주며 추천사까지 써준 존 코니시에게도 감사를 전

합니다.

  이 책이 세상에 나오기까지 함께해준 우리 멋진 팀의 노력에 감사드립니다. 번역과 제작에 큰 도움을 준 김원아 님, 영상 전문가 윤보라 님, 디자인 마스터 유경아 님, 편집자 로하 님께 깊은 감사를 드립니다.

  저의 첫 번째 책 《골프로 인생을 설계할 수 있다면》을 쓰도록 격려해주고, 이번 《40/40: 40개의 코스, 40일간의 여정》(유럽편)을 함께 만들어주신 크리에이티브 디렉터 MK 님에게 특별한 감사를 보냅니다.

  마지막으로, 아낌없는 사랑과 지지를 보내주신 부모님께 깊이 감사드립니다. 부모님의 믿음은 오늘의 저를 있게 한 토대이자, 이 여정을 이끌어준 강한 힘이었습니다.

-오상준

40/40

초판 1쇄 발행 2025년 8월 15일

지은이 오상준

책임편집 로하
디자인 Design IF
경영지원 김원아
영상편집 윤보라

펴낸곳 (주)키에프오
출판등록 2022년 12월 30일 제2022-000344호
주소 서울특별시 마포구 합정동 427-20, 3층
메일 keyf5.tv@gmail.com

ISBN 979-11-981636-1-5 03690

이 책은 저작권법에 따라 보호받는 저작물이므로 무단 전재와 복제를 금지하며,
이 책 내용의 전부 또는 일부를 이용하려면 반드시 저작권자와 (주)키에프오의 서면동의를 받아야 합니다.

책값은 뒤표지에 있습니다.
잘못된 책은 구입하신 곳에서 바꾸어드립니다.